伪装装备试验技术

张　健　冯海潮　田英慧　著

哈尔滨工程大学出版社
Harbin Engineering University Press

内容简介

伪装性能试验是伪装装备试验的重点试验内容，本书介绍了国军标《伪装涂料性能试验规程》《伪装遮障性能试验规程》和《假目标性能试验规程》中规定的相关试验方法。在伪装性能试验理论与技术方面，针对国军标中综合伪装性能试验结果采用专家打分定性评价或通过人员判读图像评价的不足，介绍了基于图像分析的综合伪装效果评价方法；此外，作为外场整装性能试验的补充还介绍了仿真模拟试验方法，以进一步解决外场试验样本数不足导致的试验结果不确定度大、置信度低和试验组织难度大等问题。

本书可作为相关院校伪装装备试验人员的参考用书，也可作为伪装专业的教材使用。

图书在版编目(CIP)数据

伪装装备试验技术/张健，冯海潮，田英慧著. —哈尔滨：哈尔滨工程大学出版社，2022.6
ISBN 978-7-5661-3469-1

Ⅰ.①伪… Ⅱ.①张… ②冯… ③田… Ⅲ.①伪装器材-试验 Ⅳ.①TJ-33

中国版本图书馆 CIP 数据核字(2022)第 061104 号

伪装装备试验技术
WEIZHUANG ZHUANGBEI SHIYAN JISHU

选题策划 马佳佳
责任编辑 马佳佳
封面设计 李海波

出版发行 哈尔滨工程大学出版社
社　　址 哈尔滨市南岗区南通大街 145 号
邮政编码 150001
发行电话 0451-82519328
传　　真 0451-82519699
经　　销 新华书店
印　　刷 哈尔滨午阳印刷有限公司
开　　本 787 mm×1 092 mm　1/16
印　　张 10.75
字　　数 261 千字
版　　次 2022 年 6 月第 1 版
印　　次 2022 年 6 月第 1 次印刷
定　　价 45.80 元
http://www.hrbeupress.com
E-mail:heupress@hrbeu.edu.cn

前　言

现代战争中，随着侦察监视技术的不断发展以及精确制导武器的广泛使用，战场上军事目标面临着越来越大的威胁。伪装作为一种重要的作战保障措施，对目标的生存和作战行动的完成起着重要的作用。伪装装备是为保障伪装力量或指定部（分）队对作战企图、行动和目标等实施隐真、示假及无源干扰活动，而配备的装置、设备、机具及各种制式器材等的统称。伪装装备试验是伪装装备建设过程中确保其能用、好用、管用和耐用的一个基本环节。

伪装性能试验是伪装装备试验的重点试验内容，包括实验室条件下的伪装装备材料性能试验和外场条件下的整装性能试验。本书共 8 章，第 1 章为绪论部分，介绍了伪装装备的分类、伪装装备试验分类及特点；第 2 章介绍了伪装装备性能试验的技术基础和主要试验设备等；第 3 章至第 5 章介绍了典型伪装装备伪装涂料、假目标和伪装遮障性能试验的主要方法；第 6 章介绍了基于图像分析的综合伪装效果评价方法；第 7 章介绍了伪装装备仿真模拟试验方法；第 8 章简述了伪装装备的作战试验和在役考核。

张健负责本书总体框架的设计和全书的统稿，并撰写了第 1 章、第 5 章和第 6 章；田英慧负责第 2 章和第 3 章的撰写工作；冯海潮负责第 4 章、第 7 章和第 8 章的撰写工作。参与本书撰写工作的还有赵志勇、曾永兴、刘伟。田英慧、赵志勇负责全书的校对工作。

本书在编写过程中，参考了相关文献及资料，并得到了友人的热心指导、支持和帮助，在此表示衷心的感谢！由于时间和编写水平有限，书中难免存在疏漏和不妥之处，敬请读者批评指正。

作　者

2022 年 4 月

目　录

第1章　绪　　论

1.1　伪装的定义、发展及作用

1.1.1　伪装的定义

《伪装术语》(GJB 434A—1998)中给出的伪装定义为:为隐蔽自己和欺骗、迷惑敌方而采取的各种隐真示假措施。该定义来自我军的《伪装教范》,仅把伪装认为是作战保障的重要内容。随着时代的发展和认识的不断提高,在最新版的《伪装术语》(GJB 434B—2021)中修订的伪装定义为:为隐蔽自己,欺骗、迷惑敌方,防止敌探测识别和捕获攻击,对国家战略部署、作战企图、行动和目标等实施隐真、示假和干扰的活动。隐真是"运用遮蔽、变形、融合等手段,消除、减小或改变目标的各种暴露征候的伪装";示假是"模拟目标的各种暴露征候,制造和显示虚假现象,以迷惑敌方的伪装方法的统称,如设置假目标、构筑假阵地、实施假行动等";干扰是为了"妨碍、扰乱或破坏敌方探测系统和电子信息设备的使用效果而采取的措施和行动的统称"。伪装的定义范围扩展是伪装战略谋划和作战保障的重要内容。

伪装不是直接的战斗行动,从单个的、具体的军事目标来讲,通过各种隐真示假的措施,可以降低敌人侦察的发现和识别概率以及敌人火力攻击的命中概率,从而达到提高目标生存力、保存战斗力的目的。从作战行动方面来讲,伪装可以隐蔽己方的战略部署和作战意图、主攻方向和主要防御方向、兵力部署和军事行动等,造成敌方的错觉和错误判断,达成作战行动的突然性,争取战争的主动权。

伪装按组织实施范围可分为战略、战役和战术伪装。战略和战役伪装是对军事战略全局和战役的企图、行动及其他重要目标进行的伪装,由最高统帅部或集团军群、集团军司令部组织实施。战术伪装是对战术部(分)队的人员、装备、工程设施和兵力部署、行动、作战企图等所采取的综合伪装措施,由战术部队司令部或分队组织实施。

伪装既可以是技术措施,直接面对敌人各种侦察和探测手段的一种被动式的对抗方法,以各种技术手段来隐蔽真目标,降低敌人各种侦察和攻击手段对真目标的发现、识别和毁伤概率,设置假目标吸引敌人注意力,保证作战意图的实现;也可以是作战行动措施,包括假调动、假集结、假展开、假空降等,目的是隐蔽真正的作战企图,造成敌人的错觉和误判,属于军事谋略的范畴。

1.1.2　伪装的发展及其作用意义

伪装基本思想来自自然界中动物世界的生存竞争。处于食物链顶端的猎食者为提高捕食成功率，通过隐蔽自己以求最大限度地接近猎物，达成捕食行动的突然性的目的；处于食物链底端的被捕食者为避免被猎食者捕杀，通过伪装使自己融入自然环境，使猎食者在远距离上很难发现。例如变色龙善于随环境的变化，随时改变自身的颜色。变色的本领使变色龙既有利于隐蔽自己，又有利于捕捉猎物。在冷兵器时代，人类侦察敌人的活动仅限于登高望远的肉眼观察，武器的作用距离近且杀伤力小，往往是眼睛能看到，而武器够不着，交战双方的伪装主要体现在谋略的运用上（如“兵退减灶”“明修栈道，暗度陈仓”等），伪装的作用相对较小，因此在早期技术伪装措施并未引起人们的重视。

14 世纪至 18 世纪，随着技术的进步，火器和武器射程增加，光学仪器、照相机、飞机、雷达等侦察器材逐渐应用于战场，侦察距离与兵器作业距离相差不多，使得提高装备目标生存能力的迫切性加大，人们开始意识到伪装的重要性，法国、德国、英国等开始陆续运用伪装措施实施伪装，但伪装理论依据和伪装方法都少得可怜。第一次世界大战（一战）期间，法、英、德等国都开始对军队装备、筑城工事和后方工厂进行迷彩伪装，并有了人工遮障、假目标等。到一战结束时，伪装已成为军队不可缺少的战斗保障措施。不过，当时的迷彩、遮障等装备伪装措施的实施还只是画家的事情，通常仅靠他们的灵感和经验来进行，没有理论依据，伪装技术还没有发展为一门独立的学科。第二次世界大战（二战）期间，航空侦察广泛运用，雷达大量使用，侦察对作战人员和武器装备等的威胁越来越大，这时期兵器作用距离更远，迫使人们从远距离上进行作战，生存能力受到较大威胁。在这种条件下，人们对伪装的认识进一步加深，很多科学家也参与了伪装技术的研究，这大大促进了伪装技术的发展。比如二战中英国为了对付德军的空袭轰炸，构筑了各种用途的假目标 500 多个，其中一部分假目标用来模拟铁路枢纽、船坞、工厂和发生火灾的城市，德军空袭共进行了 877 次，其中一半以上袭击的是假目标；德军用迷彩、遮障和变形的方法伪装了汉堡火车站和飞机制造厂，做到了对空隐蔽，使车站和工厂在较长一段时间内未遭到英军的空袭。

二战结束后，随着空间技术和电子技术的发展，侦察技术发展迅猛。直接观察如目视、激光瞄准和测距、红外夜视、微光夜视、雷达等，可以直接看到目标的图像或信号及其实时的变化情况；间接侦察如各种成像技术等，则可通过图像间接地看到目标的存在状态。侦察范围可利用频段的不同不断延伸，紫外、可见光、热红外和微波频段的探测技术，已构成战场侦察和探测的主要手段，分辨能力在空域和频域上不断增强。侦察探测能力的不断提高，使装备、阵地、设施等军事目标的生存受到了严重威胁，这使得伪装的必要性进一步增强。为了提高目标的生存能力，世界各国都加大力度研究伪装，伪装理论和技术在这一时期得到了高速发展。

任何一种侦察手段都不是万能的，都或多或少存在一定的弱点，受到一定条件的限制。目标的状态、所处地域背景的复杂程度、侦察距离、气象条件等因素，会影响目标侦察和探测效果。任何侦察和探测手段能够发现和识别目标，都是相对于一定的具体条件来说的。如果人为改变某些发现和识别目标所需的条件，侦察和探测手段发现和识别目标的能力就可能大大降低或完全丧失，这就为伪装有效对抗侦察和探测提供了可能性。伪装作为对抗侦察探测的有效手段，通过改变或降低目标特性，降低被发现、识别和捕获的概率，从而提高目标的生存能力。

1991年10月美国国防部对伪装、隐蔽和欺骗技术进行联合试验,目的是测试和评估对重要固定设施和可移动装备器材在受到空中打击时采用伪装、隐蔽和欺骗技术,以提高生存力方面的效果。测试结果证明,使用伪装、隐蔽和欺骗技术是提高目标生存力的有效技术。空中飞机攻击真实目标的概率从79%下降到48%,同时攻击错误目标的概率显著上升,失败的次数也增加了。使用假目标时,它们受到攻击的概率为27%,计算结果表明:不采用伪装、隐蔽和欺骗技术时,目标幸存概率为9%~38%,而使用伪装、隐蔽和欺骗技术时,幸存概率上升到42%~90%。不采用时平均瞄准误差小于2~155 m,而采用时,其上升到640 m。

在海湾战争和科索沃战争中,伪装措施发挥了重要的作用。海湾战争前,伊拉克对其重要的军事设施和战略目标都进行了周密、细致的伪装,给所有武器装备实施迷彩伪装,设置大量假弹药库、假火力点、假工事、假阵地,通过燃烧油井制造烟幕等。多国部队历时38天的轰炸,摧毁的目标有80%是假的。科索沃战争中,南联盟军队为了保存作战力量,综合应用了伪装隐蔽和各种欺骗技术,想尽办法把人员和重要装备进行分散、隐蔽和伪装,其中大部分作战飞机分散隐蔽在机库、山洞、环城公路及高速公路旁,即使敌人发现后也无法集中轰炸。坦克、装甲战车、火炮等重型装备分散隐蔽到深山密林中,指挥机构、通信系统从地面转入地下。由于南联盟充分利用有利地形,飞机进库,导弹进山,雷达间歇开机,藏打结合,能机动的躲藏,不能机动的则隐真示假,因此在北约78天狂轰滥炸之后,南联盟军队仍然保持对空作战能力,并不断地击落和击伤北约飞机和巡航导弹。据报道,南联盟军队人员损失6%,作战武器装备损失更小,300辆坦克中,只被北约击中了13辆,70%的军事力量基本保存下来。

从上述试验数据、实战数据可以看出,伪装能提高生存能力与战斗力,是高技术战争条件下一种有力的对抗手段。目前,世界各国,不论是军事力量强大的国家,还是军事力量相对较弱的国家,都重视伪装的作用并对其给予了高度评价。俄军认为"伪装是达成突然性的重要手段""是取得战斗胜利的主要条件之一",美军认为"战场上有效的伪装是保存自己的关键"。

我军也有成功的伪装战例。中越边境作战时,炮兵作战部队临时设置了伪装分队,主要工作就是采用"隐真""示假"的伪装措施对我军炮阵地实施伪装,最大限度地增加越军对我方炮阵地的侦察、压制困难,使越军丧失了对等还手的能力,有效保障了我军炮兵的优势。

从我军和外军的伪装战例可以看出,伪装的作用主要表现为:

首先,伪装可以降低敌侦察、监视效果以及对目标的捕获能力。通过战场目标暴露征候的隐蔽,可以迷惑敌方先进的传感器和情报分析人员,削弱敌方对我方作战样式、作战任务和作战能力的判断。

其次,伪装通过降低敌方探测、识别及攻击我方部(分)队的能力,提高我方的生存力。通过伪装提高生存力并不局限于作战行动,在和平时期防止敌方搜集我方情报也同样具有积极的作用。

再次,伪装有助于隐蔽主要作战行动的真实意图,进而达成行动的突然性。通过掩盖我方作战意图、作战能力、作战目的等,有效延迟敌方的反应。同时,故意制造的不完善伪装也能向敌方释放我方作战行动的错误情报。

1.2 伪装装备概念、组成、分类及发展

1.2.1 伪装装备概念、组成及分类

伪装装备的定义为:纳入军队装备体制内以实施和保障伪装行动的车辆、机械、器材和装具等的统称。这是站在我军装备建设的高度对伪装装备进行的定义,通常包括假目标类、伪装遮障类、伪装涂料类、伪装勘察和作业装备类、遮蔽干扰类和单兵伪装类。

1. 假目标类

假目标是指模拟真目标各种暴露征候的模型或装置,包括制式假目标和就便材料假目标,如假人、假兵器、假车辆、假工事及红外、闪光、音响模拟装置等(图 1 - 1)。按照波谱特性不同,假目标可分为光学假目标、红外假目标、雷达假目标和激光假目标等。光学假目标是能够模拟真目标光学暴露征候的模型或装置;红外假目标是能够模拟真目标红外辐射特性的装置或设备;雷达假目标是能够模拟真目标雷达回波特性的装置或设备;激光假目标是能够模拟真目标激光反射特性的装置或设备;音响、烟尘、闪光模拟装置是能够模拟目标被击中或兵器射击时的声音、烟尘、闪光等暴露征候的装置或设备。

图 1 - 1 假坦克

2. 伪装遮障类

伪装遮障(图 1 - 2)又称为遮障伪装装备,是由遮障面和支撑装置组成,用以架设各类遮障的制式伪装器材及材料的统称。遮障面是位于遮障表面起遮蔽作用的部件,如伪装网、伪装盖布、伪装席等,其中伪装网使用最为广泛。伪装网按使用要求分为通用伪装网和专用伪装网;按所对抗探测设备的类型可分为防光学伪装网、防热红外伪装网、防雷达伪装

网和防多波段伪装网;按使用地区的背景特点分为林地型、草原型、荒漠型、雪地型和其他类型伪装网。变形器(图1-3)是伪装遮障的一种,是用于设置变形遮障的各种伪装器材的统称,有仿真树、伪装伞、扇形变形器、簇型变形器等,用于改变目标的外形和阴影。

图1-2 伪装遮障

图1-3 变形器

3. 伪装涂料类

伪装涂料(图1-4)主要是指用在目标上实施迷彩伪装,对抗光学、红外和雷达侦察以迷惑敌人的特种涂料,是最基本和被广泛采用的伪装器材。伪装涂料按对抗探测设备的工作波段又分为防光学伪装涂料、防热红外伪装涂料、雷达波吸收涂料和防多波段伪装涂料。防光学伪装涂料有永久性(溶剂型、水性)和临时性(油溶性、水溶性、可剥性)伪装涂料。防热红外伪装涂料有隔热涂料和热图迷彩涂料。雷达波吸收涂料有宽频和窄频吸波涂料。

图1-4 伪装涂料

4. 伪装勘察和作业装备类

伪装勘察和作业装备主要包括伪装勘察检测车和迷彩、遮障、假目标、发烟、发泡等多种伪装作业车。伪装勘察检测车用于伪装部(分)队的现场勘测背景和目标的波谱(如光谱反射、红外辐射、雷达波散射)特性、检验伪装效果,具有数据和图像处理能力。迷彩作业车用于对目标快速实施迷彩作业，车上载有相应的迷彩作业机具，如空压机，高压无气喷涂机，气动搅拌、清洗、除锈、磨光、喷涂机具，以及各色涂料、溶剂等。假目标作业车主要用于快速制作和设置假目标，车上载有假目标制作原料和假目标模具、空压机或假目标组成部件等。遮障作业车供快速设置伪装遮障用，车上载有测量、挖坑、打桩、接杆、拉网加固、空中作业平台等机械化作业机具和手工作业工具。

5. 遮蔽干扰类

遮蔽干扰类主要包括各种形式的雷达信号反射器、龙伯透镜反射器、偶极子反射体以及烟幕伪装和其他悬浮干扰物。烟幕伪装是用人工造成的烟幕屏障隐蔽目标的伪装方法，烟幕按战术用途分为迷盲烟幕、遮蔽烟幕、诱惑烟幕三种。雷达信号反射器是由三个（或两个）互相垂直的金属镜平面或由两个金属镜平面与一个介质镜平面构成的电波反射装置，主要用于设置干扰遮障，以增强背景的雷达信号，湮没目标的雷达信号，干扰雷达对目标的识别。龙伯透镜反射器是能将入射电磁波聚焦后沿原射线轨迹反射回去的电介质球形装置。

6. 单兵伪装类

单兵伪装类主要包括具有各种伪装性能的伪装服、钢盔伪装罩、轻武器伪装罩及伪装面膏等。伪装服是具有与背景相似的光谱反射特性的作训服，又称迷彩服。按装备性能分为防可见光和微光侦察的伪装服、防可见光和近红外侦察的伪装服等；按适应背景的光谱特性分为用于单调背景（如雪地）的单色伪装服和用于复杂背景（如林地、荒漠地和海洋自然背景等）的多色伪装服。伪装面膏是用于野战条件下涂敷于人员皮肤暴露部分的单兵伪装装备，用对人体没有危害的矿物油和颜料填料制成。按伪装性能可分为防可见光和紫外线侦察的伪装面膏、防可见光侦察的伪装面膏、防可见光和近红外侦察的伪装面膏等。

1.2.2 伪装装备的发展趋势

伪装装备是随着伪装在战场上作用的不断变化和伪装技术的不断提升而发展的。随着空间技术和电子技术的发展，侦察技术发展迅猛，导致侦察距离比武器射程大得多，侦察频段范围广，分辨能力增强，使得伪装的必要性进一步增强。特别是科索沃战争后，欧美国家及时总结南联盟在伪装方面的成功经验，更新观念，将伪装技术的发展与目标特性研究结合起来，提出了“目标特性管理”的全新理念。该理念强调把一切引起目标、作战意图和作战行动暴露的特征信号（如光、电、磁、声响、震动）和情报信息从整体上进行统一管理，避免因某一个因素的暴露而引起整个伪装计划和伪装行动的失败。“目标特性管理”理念的提出，符合信息战争的特点，顺应了一体化联合作战中各军兵种整体伪装的需求；将信息对抗和全维伪装作为伪装发展的重要指导思想，拓宽了被动隐真示假伪装的概念范围，从而提升了伪装的战略层次和联合属性。鉴于伪装装备在海湾战争和科索沃战争中发挥了重要的作用，各国更加重视伪装装备技术的发展，具体表现包括以下几方面。

1. 提高快速反应能力

快速反应是对抗敌方侦察与打击一体化的有效途径，外军把提高伪装的时效性作为重要内容，在继续发展各种机动装备随行伪装系统的同时，将着力点放在提高机动目标伪装装备的快速反应上。瑞典巴拉居达公司研制的多波段快速部署伪装系统（RAPCAM）可在探测到威胁后，用按钮启动鼓风机，在 10 s 内快速吹开伪装网，实现车辆的遮蔽和变形，如图 1－5 所示。乌克兰瓦拉尔科研生产企业研制的“挡帘”应急伪装系统，可在 3～5 s 通过燃爆抛射弹完成伪装网的喷网和网锚钻土固定，试验结果表明，其伪装速度比人工伪装快 150～200 倍。俄罗斯、美国、法国、以色列和英国等国研制的车辆综合伪装防护系统进行传感告警、施放烟幕、红外干扰的反应时间通常也都在数秒之内，具有自动化程度高和反应速度快等特点，能够干扰不同波长激光束照射和红外制导导引头，实现伪装防护的快反化。

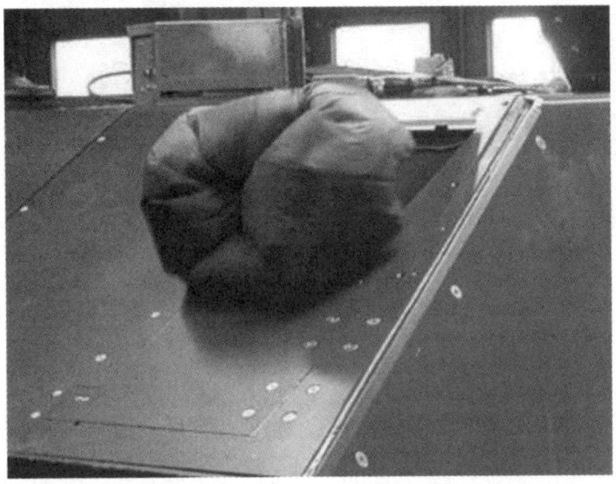

图 1－5　瑞典 RAPCAM 多波段快速部署伪装系统

2. 提高伪装作业效率

通过最近几次局部战争和军事冲突，外军在进行力量重构与转型的同时，高度重视部队远程投送、快速反应和应急作战的能力，这需要伪装作业装备能在较短的时间内完成大面积、集群或成建制战场目标伪装作业。

俄罗斯最新研制了一种多功能伪装作业站，每小时可完成 500 m^2 的迷彩涂装，制作出 3～5 个聚氨酯发泡类假坦克、假步兵战车；同时可对军事目标表面进行聚氨酯泡沫伪装，也可利用聚氨酯泡沫材料作为坚固的防护材料，现地构筑野战工事。美军野战迷彩作业站主要为半固定式作业帐篷，在海湾战争期间，美军在沙特阿拉伯建立了三处大型战区级涂装作业站和若干处部队级涂装作业点，在 5 个月时间内完成了 8 600 多辆车辆装备的沙漠黄棕色保护迷彩涂装。瑞典 FFV 泡沫伪装作业车可在 10 min 内对 1 800 m×10 m 的地域（如机场跑道、道路等），布洒具有可见光伪装和热红外抑制效果的伪装泡沫。

3. 开发机动伪装装备

以往的伪装遮障和变形器材适用于静止目标的伪装，机动装备作战背景地域具有不确定性,使用环境条件较为严酷,为此,国外开发出一系列具有多波段伪装性能、强度好、使用方便,并且能够与装备表面紧密结合的伪装器材。

瑞典巴拉居达公司近年来推出新一代结构集成式伪装表面(STRICAM,如图 1-6 所示),该表面材料具有特殊的表面组织结构,在各个反射角方向的反射率均接近于植被,不受光线和阴影的影响,可使军事目标更好地融合于周围背景。

图 1-6 瑞典标准伪装涂料(左)与综合集成式伪装表面(右)的伪装效果对比

4. 推进被动伪装与主动防护一体化

近年来,外军针对侦察探测技术发展出现的新特点,逐渐认识到单纯依靠被动的隐真和示假还是难以保证战场目标的生存,采取主动防护手段干扰敌方侦察探测与精确打击,是进一步提高目标战场生存能力的有效途径。为此,美国、俄罗斯、法国、以色列、德国等国家在积极发展高性能伪装涂料、机动伪装系统和视频、雷达隐身技术等的同时,致力于发展集光电与雷达传感器、遮蔽干扰、假目标诱饵、隐蔽伪装、激光压制或弹药拦截等多种技术于一体的综合伪装防护系统,实现告警、伪装、干扰、毁伤一体化。

综合伪装防护系统通常由机动伪装系统、软杀伤主动防护系统和硬杀伤主动防护系统组合而成,目前主要应用于装甲战斗车辆的伪装防护。机动伪装系统主要有俄罗斯"斗篷"坦克伪装系统、以色列 Fibrotex 柔性伪装系统和法国 KDFM 车载伪装系统。软杀伤主动防护系统具有激光告警、烟雾迷盲、红外干扰和假目标诱饵等功能,主要有英国 405 型激光诱饵系统和首脑工程防激光制导武器打击"壁垒"电子对抗系统、法国 KBCM 车载伪装防护系统(图 1-7)、以色列 POMALS 伪装防护系统、德国多功能自防护系统(MUSS)等。硬杀伤主动防护系统具有激光或雷达告警、激光压制或弹药拦截功能,主要有俄罗斯"鸫"式和"竞技场"主动防护系统、以色列"铁拳"主动防护系统、法国 SPATEM 车辆主动防护系统、乌克兰 ZASLON 坦克主动防护系统等。美国陆军坦克与机动车辆研究发展与工程中心(TARDEC)负责研制的一体化陆军主动防护系统(IAAPS)同时具有"软杀伤"(干扰)、"硬杀伤"(拦截弹)这两种系统,可根据威胁程度同时采用或只采用其中的一种。

图 1 –7 法国 KBCM 车载伪装防护系统

5. 重视特殊战场的伪装

为应对维和、反恐和城市军事行动中的新挑战，提高士兵在新的作战环境中的生存能力，以美军为首的西方国家相继开发了与之相适应的伪装技术。

美国陆军纳蒂克士兵系统中心自 1998 年起，通过开发城市光谱地形数据采集与集成技术、数字化迷彩设计技术和数字式喷墨织物设计印刷系统，研制了针对特定战场背景的快速部署伪装系统（SSRDC），目的是要在 2 ~ 3 周内，为执行特殊作战任务的士兵快速设计、制作能与任务区域战场背景相融合的伪装服。瑞典巴拉居达公司开发了适用于士兵执行秘密行动的单兵伪装系统（PCS），它由单兵遮障、单兵雨布和特别行动服组成（图 1 –8 至图 1 –10），在可见光、近红外、热红外等伪装波段有效。

(a)秋季型单兵遮障

(b)冬季型单兵遮障

图 1 –8 瑞典巴拉居达公司单兵遮障

(a)夏季型单兵雨布

(b)秋季型单兵雨布

(c)冬季型单兵雨布

图 1 –9 瑞典巴拉居达公司单兵雨布

(a)夏季型SOTACS

(b)冬季型SOTACS

图 1－10　瑞典巴拉居达公司特别行动服

6. 发展自适应伪装技术

自适应伪装具备环境和威胁信息感知、信息处理和自我响应等功能，能够使目标自动适应变化的战场环境并与背景相融合。现阶段虽然成功研制实用化的自适应伪装系统还为时过早，但相关技术研究已取得初步进展。自适应伪装研究现阶段主要集中在防光学伪装的研究，主要有两种技术途径：

一是研发智能蒙皮，智能蒙皮的核心材料一种是变色材料，另一种是光谱选择性薄膜。变色材料已在新一代单兵伪装服开发上进行了尝试和初步应用。电致变色材料可通过不同的电流强度激励而变色，具有更好的可控性，是实现武器装备自适应伪装最为可行的方法。笔者认为该种方法实现起来比较复杂，首先系统中要有传感器，探测环境的颜色、亮度的变化；其次要有可变色的伪装材料，实现光学伪装的功能；再次传感器和变色材料之间要有控制分系统。传感器获取的环境信息要译码处理为变色的控制指令。三个环节缺一不可，特别是变色材料，要有足够的变色能力，需要生物技术来实现。

二是开发环境背景反射成像技术。美国宇航局喷气推进实验室 1998 年开始投资开发用于坦克和其他地面装备的环境背景反射成像技术，现已取得阶段性成果。该技术基于数字摄影技术、投影技术和显示技术的发展，开发的自适应伪装系统（图 1－11）由图像传感器和柔性显示板组成，可以将目标背后的场景作为前景投影到柔性电子显示板上，从而使目标消失在环境背景之中。

自 20 世纪 60 年代开始，我国经过 60 多年建设和发展，历经仿制和自主研发，已建立起专业齐全、分工合理的伪装装备论证、设计、试制、生产和保障的体系，伪装装备作为战场工程保障装备的一部分，基本形成了由伪装涂料、假目标、伪装遮障、伪装勘测和作业装备组成的装备体系。除此之外，根据特定目标伪装的需要，先后开发出多种专用型伪装器材，例如伪装衣、专用型伪装遮障、变形伪装器材和角反射器等。本书将以伪装涂料、假目标和伪装遮障三类伪装装备为重点进行讨论。

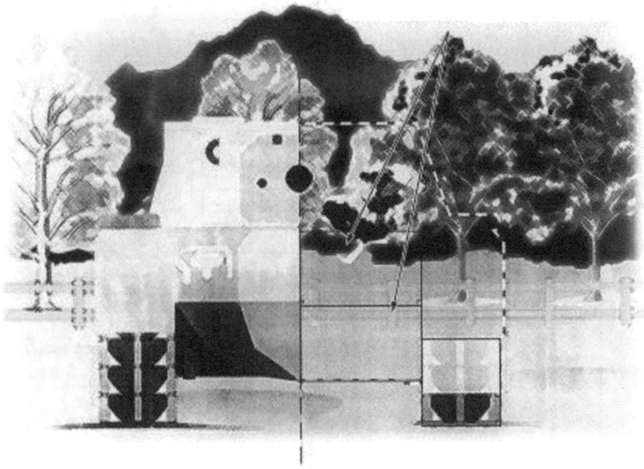

(a)未遮蔽部分　　　　(b)遮蔽部分

图 1-11　自适应伪装系统

1.3　伪装装备试验鉴定

1.3.1　伪装装备试验鉴定概述

装备试验鉴定是装备建设决策的重要支撑，是装备采购管理的重要环节，是发现装备问题缺陷、改进提升装备性能、确保装备实战适用性和有效性的重要手段。从实施过程上讲，装备试验鉴定是通过获取足够有价值的试验数据，进行综合分析并与预期进行比对、做出评价结论的过程。

在新型的试验鉴定体系中，试验鉴定的定义为：通过规范化的组织形式和试验活动，对装备战术技术性能、作战效能和保障效能进行全面考核并独立做出评价结论的综合性活动。它贯穿于装备发展全寿命过程，是检验考核装备能否满足作战使用要求的国家最高检验行为。根据上述定义，可将全寿命周期的装备试验统一规范为性能试验、作战试验和在役考核 3 大类，如图 1-12 所示，3 类试验之间层层递进、环环相扣，相应完成状态鉴定、列装定型，并给出后续改进、改型的意见建议，从而构成"性能试验—状态鉴定""作战试验—列装定型""在役考核—改造升级"三个试验环路，通过独立、严格、全寿命、全方位、紧贴实战的试验考核，把住"关口"，摸清"底数"，搭建"桥梁"，做好"牵引"。

伪装装备作为一类较为特殊的装备，其试验鉴定是指通过规范化的组织形式和试验活动，对伪装装备的战术技术性能、作战效能和保障效能进行全面考核并独立做出评价结论的综合性活动。

性能试验重点检验装备的性能和功能满足设计要求的程度，通常是在规定的环境条件下验证伪装装备研制总要求中规定的各项战术技术指标要求，确保装备满足"设计要求"，解决装备"能用"问题。性能试验分为基本性能试验和通用质量特性试验。基本性能试验主要考核伪装装备设计基本技术特性和技术指标，如结构特征参数以及光学、热红外、雷达特性参数和防侦察探测综合伪装性能等。基本性能试验方法是本书介绍的重点。

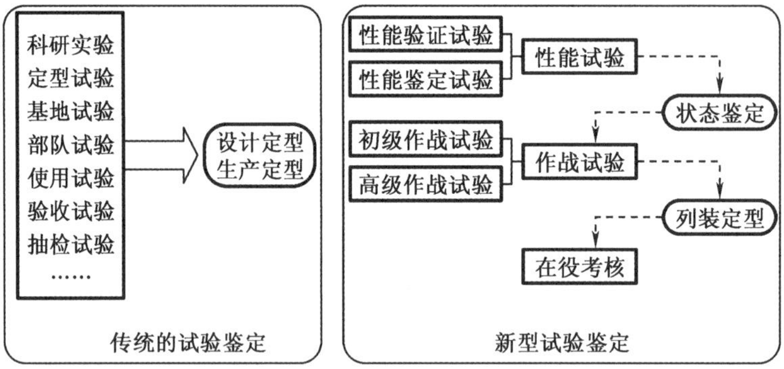

图 1－12　我国装备试验鉴定演变

作战试验重点是在实际作战运用条件下，检验伪装装备完成规定作战使命任务的能力，全面摸清装备在典型作战任务剖面下的作战效能和适用性底数，确保伪装装备满足“对抗敌方侦察探测任务要求”，解决装备用于目标伪装“隐真示假管用”问题。作战试验包括作战效能试验、作战适用性试验、体系适应性试验和在役适用性试验等内容，融合了效能试验、战术技术性能试验中的部分内容以及作战适用性考核的内容。

在役考核重点检验伪装装备在实际使用环境条件下满足部队要求的程度，全面考核装备部队适用性、经济性、综合保障能力等，确保伪装装备满足“服役要求”，解决装备“好用”问题。在役考核分为部队适用性、质量稳定性、经济性、适编性、适配性、作战效能评估等，融合了效能试验等内容。

1.3.2　伪装装备试验鉴定的主要特点

1. 外场和内场相结合的试验模式

外场试验是指在典型使用地区的试验，根据伪装装备类型的适用环境，包括常温林地地区、常温荒漠地区、湿热林地地区、严寒荒漠地区、严寒雪地地区等使用环境；内场试验主要是实验室试验。伪装装备典型的使命任务是对典型军事目标实施伪装，使伪装后目标与背景相融合，有效对付敌方空中和地面紫外、可见光、近红外、中远红外、雷达成像侦察，降低典型军事目标被侦察发现的概率，提高其战场生存能力。这决定了其试验鉴定强调在与伪装装备类型相一致的环境地域开展的属性；同时，从作战样式上讲，伪装装备要与战场目标配合使用，因战场环境和目标的多样性，决定了外场试验只是典型使用条件下的试验，试验样本是有限的，具有典型性，不具有普遍代表性。实验室试验除检测伪装材料的性能外，作为外场试验的补充，还要完成一些在外场难于开展的试验项目，如高低温试验等。未来实验室试验还是仿真试验的依托，实现实物、半实物仿真试验，其在节约试验成本、缩短试验时间方面将发挥更大的作用。

2. 多试验主体参与、多专业领域结合的试验鉴定

伪装装备种类多,包括涂料、伪装遮障、假目标、干扰器等,其试验鉴定呈现多主体、多专业领域的特征。从试验主体方面讲,在性能验证试验阶段,主要以研制总体单位为主体,验证设计的合理性;在性能鉴定试验阶段,是军方试验鉴定系统统一组织,在贴近实战的背景下考核被试装备的指标符合度及边界性能;在作战试验阶段,由使用部队实施,按照作战试验想定开展作战效能、作战适用性以及体系贡献度的考核。从专业领域方面讲,鉴于伪装装备涉及机械、材料、光学、红外、雷达、纺织印染等不同的专业领域,其试验鉴定需要相关领域的试验测试,以获得足够的数据实现材料和系统的鉴定。

3. 大时间跨度试验要求

伪装装备要适应跨地域、适合复杂地理地形条件的使用。在其开展试验鉴定的诸如常温、湿热、高原、沙漠、严寒等地域,均会安排相应的试验项目。特别雪地型伪装装备的严寒地区试验,必须在雪覆盖率达到一定阈值的时间开展,试验窗口期短,一旦试验失败,错过窗口期,只能等来年下雪后再开展试验。

第2章　伪装装备试验鉴定技术基础

伪装装备试验的重点是其伪装性能的检测和军事目标使用伪装装备实施伪装后的效果评价。伪装性能检测主要指伪装装备及材料的特性和功能技术参数的测量。伪装效果评价是对伪装前后的目标或假目标所进行的判定其达到预期伪装要求程度的分析。伪装装备最基本的功能和用途是对抗敌方的侦察和精确制导探测系统。探测系统通过对目标特性信号进行获取和分析,依据目标与背景特性之间的差异,发现和识别目标。获取目标和背景特性信号数据有主动和被动两种方式,主动探测由探测系统主动发射能量照射目标,通过接收目标反射的能量感知目标,如主动雷达系统和激光探测系统等。被动探测是利用目标自身发射或反射的能量进行探测,如可见光、近红外、中远红外成像等。无论主动探测还是被动探测,目标发射或反射能量的传播媒介都是电磁波。通常侦察和精确制导探测系统相关的电磁波段范围包括紫外、可见光、近红外、短波红外、中波红外、长波红外和微波。在本书中将紫外、可见光、近红外、短波红外合并简称为光学波段,中波红外和长波红外合并简称为中远红外波段或热红外波段,将微波波段称为雷达波段。

2.1　电磁波理论

2.1.1　电磁波与电磁波谱

电磁波由在垂直于传播方向上变化的电场(E)和与电场成直角的磁场(H)交互变化产生,如图2-1所示(其中λ为波长,h为振幅),电场和磁场合称电磁场,二者相互激发并以相同的相位传播,电磁波向空间发射或传播形成电磁辐射。

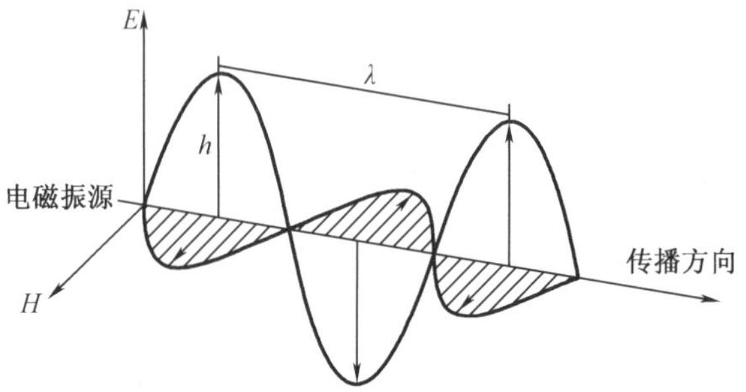

图2-1　电磁场的电场 E 和磁场 H

通常电磁波有三个属性参数：

波长 λ：波长是指相邻波峰或波谷之间的距离。

频率 v：频率是指单位时间内通过某固定点的波的个数，单位为赫兹（Hz）。

振幅 h：振幅是振动的物理量偏离平衡位置的最大值。

电磁波在真空的传播速度（c）是个常数，为 299 793 km/s。频率（v）和波长的关系为 $c=\lambda v$，因此，电磁波的特性可以用频率或波长来表征。

不同的电磁波由不同的波源产生。按照电磁波在真空中传播的波长或频率递增（递减）顺序排列，则构成电磁波谱（图 2－2）。电磁波谱区段间的界限是渐变的，一般按照产生电磁波或测量电磁波的方法来划分。电磁波段一般划分方法如表 2－1 所示。

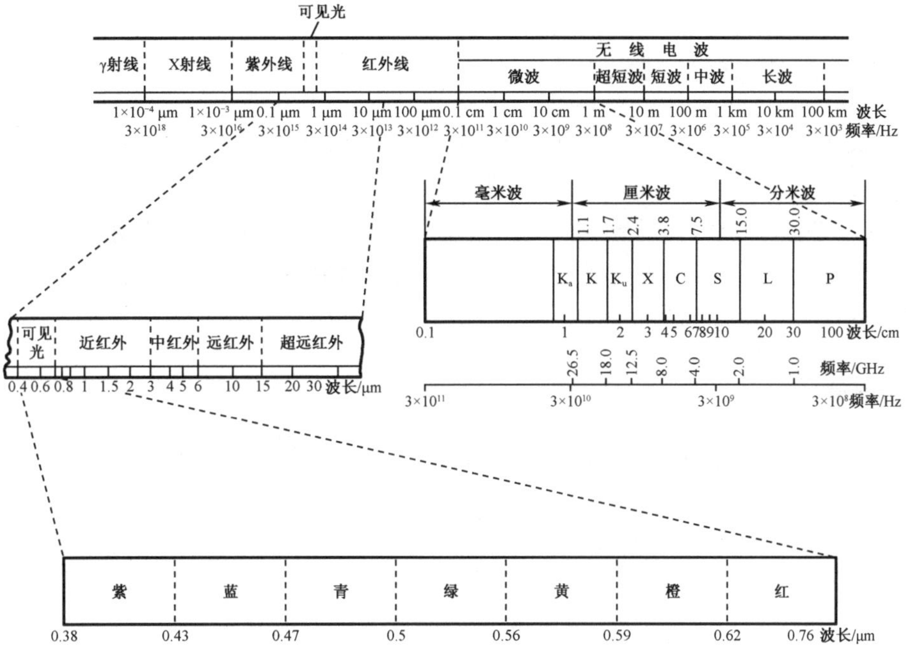

图 2－2　电磁波谱

表 2－1　电磁波段一般划分方法

波段		波长	
长波		>3 000 m	
中波和短波		10～3 000 m	
超短波		1～10 m	
微波		1 mm～1 m	
红外	超远红外	0.76～1 000 μm	15～1 000 μm
	远红外		6～15 μm
	中红外		3～6 μm
	近红外		0.76～3 μm

表 2-1 （续）

波段		波长	
可见光	红	0.38 ~ 0.76 μm	0.62 ~ 0.76 μm
	橙		0.59 ~ 0.62 μm
	黄		0.56 ~ 0.59 μm
	绿		0.50 ~ 0.56 μm
	青		0.47 ~ 0.50 μm
	蓝		0.43 ~ 0.47 μm
	紫		0.38 ~ 0.43 μm
紫外		10^{-3} ~ 0.38 μm	

2.1.2 电磁辐射的基本概念

描述电磁辐射的物理量称为辐射量，根据对电磁辐射量测量方式的不同分为辐射测量（radiometry）和光度测量（photometry）。辐射测量适用于整个电磁波谱范围；可见光是能对人的视觉形成刺激并能被人眼感受到的电磁辐射，很自然地用视觉受到刺激的程度，即视觉感受来度量可见光，因此，光度测量适用于引起人类视觉感应的可见光波段，按视觉感受表征可见光的量称为光学量。

1. 辐射量

（1）辐射能 Q：以电磁波形式发射、传播或接收的能量，单位为 J（焦耳）。

（2）辐射能通量 Φ：单位时间内发射、传播或接收的辐射能，$\Phi = \mathrm{d}Q/\mathrm{d}t$，单位为 W（瓦特），$t$ 为时间；辐射能通量是波长的函数，总辐射能通量是各谱段辐射能通量之和或辐射能通量的积分值。

（3）辐射出射度 M：又称辐出度，指单位时间内从辐射源单位面积上发射的辐射能通量，$M = \mathrm{d}\Phi/\mathrm{d}S$，单位为 $\mathrm{W/m^2}$，S 为面积。

（4）辐射照度 E：在单位时间内，被辐射物体表面单位面积上接收的辐射能通量，$E = \mathrm{d}\Phi/\mathrm{d}S$，单位为 $\mathrm{W/m^2}$，S 为面积。

（5）辐射强度 I：在单位立体角、单位时间内，从点辐射源向某方向辐射的能量，$I = \mathrm{d}\Phi/\mathrm{d}\omega$，单位为 W/sr（瓦特每球面度），$\omega$ 为立体角。

（6）辐射亮度 L：假定有一辐射源呈面状，向外辐射的强度随辐射方向而不同，则 L 定义为辐射源在单位立体角、单位时间内从外表面单位面积上的辐射能通量，即 $L = \dfrac{\mathrm{d}\Phi}{\cos\theta \mathrm{d}\omega \mathrm{d}S}$，单位为 $\mathrm{W/(sr \cdot m^2)}$。

在以上 6 个辐射量上加入“光谱”这一术语时，则是指单位波长的辐射量，如光谱辐射能通量、光谱辐射亮度等。

2. 光学量

(1)光通量 Φ_v:标度可见光对人眼的视觉刺激程度的量称为光通量,光通量的单位为 lm(流明)。

(2)光出射度 M_v:光源单位发光面积发出的光通量,定义为光源的光出射度,单位为 lm/m^2(流明每平方米)。

(3)光照度 E_v:单位受照面积接收的光通量,定义为光照面的光照度,单位为 lx(勒克斯),$1\ lx = 1\ lm/m^2$。

(4)发光强度 I_v:点光源向各个方向发出可见光,在某一方向,在元立体角 $d\Omega$ 内发出的光通量为 $d\Phi_v$,则点光源在该方向上的发光强度 I_v 为

$$I_v = \frac{d\Phi_v}{d\Omega} \tag{2-1}$$

式(2-1)表明,点光源的发光强度等于点光源的单位立体角内发出的光通量,单位为 cd(坎德拉)。

(5)光亮度 L_v:为了描述具有有限尺寸的发光体发出的可见光的空间分布情况,采用了光亮度 L_v 这样一个光学量。发光面的元面积 dS,在和发光表面法线 N 成 θ 角的方向,在元立体角 $d\Omega$ 内发出的光通量为 $d\Phi_v$,则光亮度 L_v 为

$$L_v = \frac{d\Phi_v}{\cos\theta dS d\Omega} \tag{2-2}$$

在式(2-2)中$\frac{d\Phi_v}{d\Omega} = I_v$,即发光面在 θ 方向的发光强度。式(2-2)可写为

$$L_v = \frac{I_v}{\cos\theta dS} \tag{2-3}$$

式(2-3)表明,元发光面 dS 在 θ 方向的光亮度 L_v 等于元面积 dS 在 θ 方向的发光强度 I_v 与该面元面积在垂直于该方向平面上的投影 $\cos\theta dA$ 之比,单位为 cd/m^2(坎德拉每平方米)。

3. 光学量和辐射量之间的关系

(1)光谱光效率函数

就其实质而言,人眼就是一种可见光探测器,其输入为用辐射量度量的可见光辐射,而输出为用光学量表示的光感受。所以,光学量和辐射量间的关系决定于人的视觉特性。辐射能通量相同而波长不同的可见光分别作用于人眼,不同的人感觉到的明亮程度将有所不同,这表明人的视觉对不同波长光有不同的灵敏度。人对不同波长光响应的灵敏度是波长的函数,称之为光谱光效率函数。

观察场所明暗不同时,光谱光效率函数也稍有不同。国际照明委员会(CIE)根据多组测试实验结果,分别于 1924 年和 1951 年确定并正式推荐两种光谱光效率函数:明视觉光谱光效率函数 $V(\lambda)$和暗视觉光谱光效率函数 $V'(\lambda)$,图 2-3 所示为 $V(\lambda)$和 $V'(\lambda)$的函数归

一化曲线。$V(\lambda)$和$V'(\lambda)$两者峰值所对应的波长有所不同,$V(\lambda)$的峰值波长为5.55×10^{-7} m,$V'(\lambda)$的峰值波长为5.07×10^{-7} m。

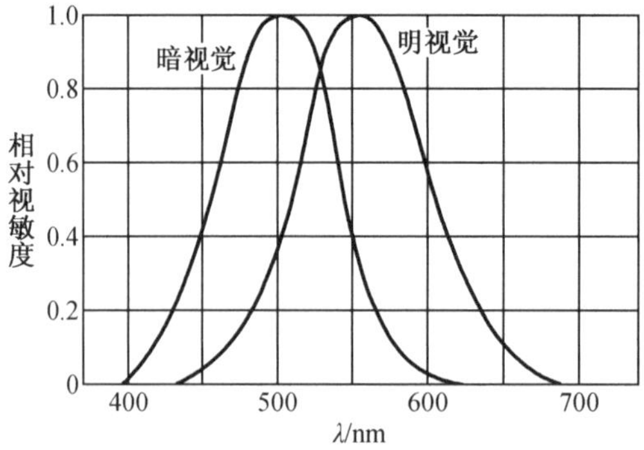

图 2-3 明、暗视觉光谱光效率函数 $V(\lambda)$ 和 $V'(\lambda)$ 曲线

(2)光学量和辐射量间的关系

在波长 λ 附近的小波长间隔 $d\lambda$ 内,光通量 $d\Phi_v(\lambda)$ 和辐射能通量 $\Phi(\lambda)$ 之间的关系可表示如下。

明视觉条件下:

$$d\Phi_v(\lambda)=K_mV(\lambda)\Phi(\lambda)d\lambda \tag{2-4}$$

暗视觉条件下:

$$d\Phi_v(\lambda)=K'_mV'(\lambda)\Phi(\lambda)d\lambda \tag{2-5}$$

式中,$K_m=683$ lm/W 为明视觉条件下波长 5.55×10^{-7} m、$V(\lambda)=1$ 单色光的最大光谱光视效能;$K'_m=1\ 755$ lm/W 为暗视觉条件下波长 5.07×10^{-7} m、$V'(\lambda)=1$ 单色光的最大光谱光视频能。

对于整个可见光辐射范围内的总光通量 Φ_v,可由在整个可见光范围内积分求得:

明视觉

$$\Phi_v=\int_{380}^{780}K_mV(\lambda)I(\lambda)d\lambda \tag{2-6}$$

暗视觉

$$\Phi_v=\int_{380}^{780}K'_mV'(\lambda)I(\lambda)d\lambda \tag{2-7}$$

2.1.3 电磁波与地物的相互作用

电磁波照射到地物后,电磁辐射与地物必然要发生相互作用,会发生反射、吸收和透射的物理现象。根据物理能量守恒原理,三者之间的关系可表达为

$$E_I(\lambda)=E_R(\lambda)+E_A(\lambda)+E_T(\lambda) \tag{2-8}$$

式中 E_I——入射能;

E_R——反射能;

E_A——吸收能；

E_T——透射能。

它们都是波长的函数。入射、吸收、反射、透射关系示意图如图2-4所示。

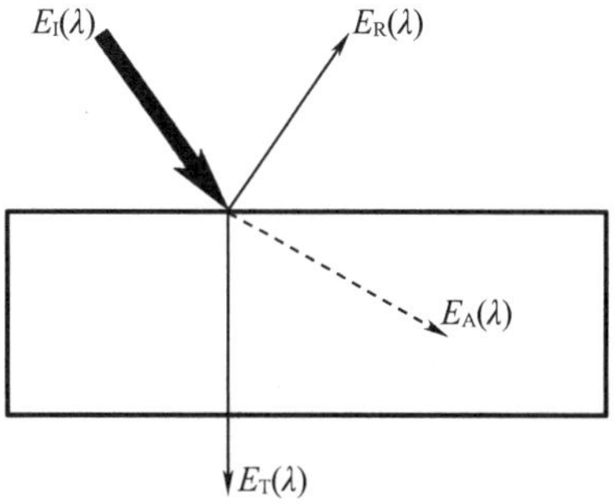

图2-4 入射、吸收、反射、透射关系示意图

能量反射、吸收和透射的比例对不同的地物是变化的。这种变化一方面与地物的性质与状态有关，如物质组成、几何特征、光照角等，可以根据这些差异分辨不同特性的地物；另外，不同波长表现出不同特性的相互作用过程。因此，在某个波谱范围内不易被识别的两个物体，可能在另一个波谱范围内易于被识别。

1. 反射率

物体的反射率ρ表征该物体反射电磁辐射的能力，等于反射能除以入射能，即

$$\rho(\lambda)=\frac{E_R(\lambda)}{E_I(\lambda)} \tag{2-9}$$

物体对于电磁波的反射通常可以分为镜面反射、漫反射和方向反射三种。

对任何表面，其反射特性是由其表面的粗糙度决定的，而粗糙度是相对于入射波的波长而言的。关于表面粗糙度，瑞利判别准则是

$$h<\frac{\lambda}{8\cos\theta} \tag{2-10}$$

式中 h——某一平面上的高度度量，以波长计；

λ——波长；

θ——入射角。

满足该判别准则的表面视为光滑表面；反之，则认为是粗糙表面。

(1)镜面反射

镜面反射是指满足反射定律，即入射波和反射波在同一平面内，入射角和反射角相等的反射。镜面反射分量是相位相干的，振幅变化小，可能有极化(偏振)。当物体表面相对于入射波长是光滑的，就会出现镜面反射。

(2)漫反射

漫反射是指入射波在所有方向上均匀反射，即入射能量以入射点为中心，在整个半球

空间内向四周各向同性反射能量的现象,又称为朗伯反射。

一个完全的漫反射体称为朗伯体,其电磁波的反射服从朗伯余弦定律:

$$I(\theta)=I_0\cos\theta \tag{2-11}$$

式中 θ——观测方向与法线的夹角;

$I(\theta)$——θ方向的辐射强度;

I_0——法线方向的辐射强度。

(3)方向反射

方向反射是介于镜面反射和朗伯反射之间的一种反射。方向反射率是指特定方向的反射能与其面上的总入射能之比。入射和反射的方向可以按照微小立体角、任意立体角和半球全方位三种方法来确定。当入射、反射均为微小立体角时,称为二向性反射。二向性反射是自然界中物体表面反射的基本现象,即反射不仅具有方向性,该方向还随入射的方向而异。当然,这种差异还随物体空间结构要素的变化而变化。

2. 吸收率

物体的吸收率α表征该物体吸收电磁辐射能的能力,等于吸收能除以入射能,即

$$\alpha(\lambda)=\frac{E_A(\lambda)}{E_I(\lambda)} \tag{2-12}$$

3. 透射率

物体的透射率τ表征该物体透射电磁辐射能的能力,等于透射能除以入射能,即

$$\tau(\lambda)=\frac{E_T(\lambda)}{E_I(\lambda)} \tag{2-13}$$

根据能量守恒原理,有$\rho(\lambda)+\alpha(\lambda)+\tau(\lambda)=1$

2.1.4 黑体和灰体

如果物体对任意波长的辐射都能全部吸收,吸收率不随波长变化,即$\alpha(\lambda)\equiv 1$,则称该物体为绝对黑体;如果只对某一波长λ_0来说有$\alpha(\lambda_0)\equiv 1$,则称之为对波长$\lambda_0$是黑体。黑体在电磁辐射研究中是个非常重要的概念,是假设的理想辐射体,绝对黑体在自然界中是不存在的。

如果物体的吸收率$\alpha(\lambda)\equiv\alpha$不随波长变化,但$\alpha<1$,则称该物体为灰体。

2.2 伪装装备光学性能试验技术基础

从光学测度来看,所有物体可以分成两类:一类是能向周围空间辐射光能量的自发光体,即光源,其颜色取决于它所发出光的光谱成分;另一类是不发光体,其本身不能辐射光能量,但能不同程度地吸收、反射或透射照射其上的光能量而呈现颜色,射入人眼的光和光谱分布决定了发光体或反射和透射物体的颜色。不发光物体的颜色除了与照射光源有关,

还与本身的光学特性有关,这种光学特性又由物体本身的材料决定。当光波照射到物体上,光与组成物体的物质发生作用,由于物体组成物质的分子和分子间的结构不同,使射入的光分成几部分:一部分被物体吸收,一部分被物体反射,还有一部分穿透物体,成为透射光。不透明物体的颜色由它反射的色光决定,透明物体的颜色由它能够透射过的色光决定。反射与透射的色光可以用反射光谱与透射光谱描述。反射或透射光谱除了与照射光源光谱分布有关,还与物体的光学特性有关,反射或透射光谱可以由照射光源和物体的光谱反射率或透射率计算出来。物体的光谱反射率或透射率是物体重要的光学特性。

2.2.1 光谱透射率

透射发生在透明或半透明体,是入射光经过折射穿过物体后的出射现象,如玻璃、滤色片等。无色透明体除少数光被反射外,大多数光均透过物体。用光透射率表示透明体光特性,定义为透过后的光通量 φ_t 与入射光通量 φ_i 之比,用 τ 来表示:

$$\tau = \frac{\varphi_t}{\varphi_i} \tag{2-14}$$

光谱透射率是波长的函数,可定义为从物体透射出的波长 λ 的光通量 $\varphi_t(\lambda)$ 与入射于物体上的波长 λ 的光通量 $\varphi_i(\lambda)$ 之比:

$$\tau(\lambda) = \frac{\varphi_t(\lambda)}{\varphi_i(\lambda)} \tag{2-15}$$

2.2.2 光谱反射率

如果物体对入射白光中所有波长的光都能反射,则称为非选择性反射。对于选择性反射,非透明体受到光照后,将光谱中一部分波长的辐射能吸收,而将剩余的色光反射出去,这种物体称为非透明体或反射体。非透明体反射光的性质,可用光反射率描述。光反射率定义为被物体表面反射的光通量 φ_o 与入射到物体表面的光通量 φ_i 之比,用 ρ 表示:

$$\rho = \frac{\varphi_o}{\varphi_i} \tag{2-16}$$

光谱反射率是波长的函数,可定义为在波长 λ 的光照射下,物体表面反射的光通量 $\varphi_o(\lambda)$ 与入射光通量 $\varphi_i(\lambda)$ 之比,用 $\rho(\lambda)$ 表示:

$$\rho(\lambda) = \frac{\varphi_o(\lambda)}{\varphi_i(\lambda)} \tag{2-17}$$

式中,$\rho(\lambda)$ 以百分数表示,取值为 $0 \sim 1$。

物体的反射率随波长变化的曲线称为反射光谱,其形状反映了地物的波谱特性。影响反射率的因素包括物质的类别、组成、结构、入射角、物体的电学性质(电导、介电、磁学性质)及表面特性(粗糙度、质地)等。因此,任何物体的反射光谱都蕴含着目标的本质信息,测量伪装装备材料的反射率是伪装试验中光学伪装性能检测的重要试验内容之一。

地物的反射光谱可表明地物反射率随波长的变化规律。通常用平面坐标曲线来表示,横坐标表示波长 λ,纵坐标表示反射率 ρ,这样可以形成地物反射光谱曲线。不同地物的反射率会存在差异,这为从背景中发现和识别目标提供了依据。

2.2.3 颜色

1. 颜色特性

视觉可以感知颜色的三个基本特征,又称为心理三属性,分别为明度、色调和饱和度。大致与颜色的物理属性亮度、主波长和纯度相对应。通常把色调和色饱和度统称为色度。

(1)明度

表征颜色的明亮程度。

(2)色调

表征不同颜色特性的量,是人眼看到一种或多种波长的光时产生的感觉,代表颜色的类型,是颜色最基本的特性,如绿色、褐色等。

(3)饱和度

表征颜色接近光谱色的程度,是指颜色纯度,即颜色掺入白光的程度或指颜色的深浅程度,白光掺入越多色饱和度就越低,当掺入白光为零时,色饱和度为100%。一种颜色越接近光谱色,其饱和度越好。

2. 加色与减色空间

不同颜色是可以相互混合的。颜色混合分为加法颜色混合(加色法混合)和减法颜色混合(减色法混合)。加色法混合是由人的视觉器官完成的,因此,它是一种视觉混合,遵从加法原则。不同颜色颜料的混合不是在视觉系统中进行的,而是颜料自身的混合,遵从减法原则。

加色法混色就是把不同色彩的光混合投射在一起,生成新的色光,也称为色光混合。加色光三原色(红R、绿G、蓝B)是显示器及其他数字设备显示颜色的基础。减色法混合即色料混合,就是把不同色彩的颜料混合在一起生成新的颜色。伪装涂料就是通过将多种颜料混合在一起设计和制造的。减色三原色(青、品红、黄),也称为颜料三原色,分别与R、G、B三基色互为补色。在光源不变的情况下,两种或多种色料混合后产生新色料,其反射光相当于白光减去各种色料的吸收光,反射能力会降低。故与加色法混合相反,混合后的色料不但色相(色彩所呈现出来的质的相貌)发生变化,而且明亮程度和纯度(原色在色彩中所占据的百分比,用来表现色彩的浓淡和深浅)都会降低。所以混合的颜料种类越多,生成色料的色彩就越暗越浊。

3. 同色异谱

同色异谱指光谱不同的刺激可以产生相同的视觉知觉,是三刺激值相同而光谱分布不同的颜色。光谱分布的差异可以粗略地判断同色样品的异谱程度。如果复制品(如绿色伪装涂料)与被复制样品(如植物绿叶)或标准样品之间的光谱反射率曲线形状大致相同,交叉点和重合段多,就表明同色异谱程度低。相反,如果复制品和被复制样品或标准样品之间的光谱曲线形状很不同,交叉点少,那么同色异谱的程度就高。

4. 色差

颜色是由于各种光谱能量对人视觉系统的刺激而引起的感觉。太阳光照射地物时，不同地物对光进行选择性的吸收、反射或透射，反射光被人眼感知，刺激视觉系统形成不同的颜色。在电磁波段范围内，只有波长为380～780 nm的电磁波辐射能引起人的颜色视觉，波长不同决定了颜色的不同，波长相同辐射能不同决定了色的明暗程度。颜色分为光源色与物体色两大类。物体色与物体本身的特性有关系，当光照射到物体表面时，反射光随物体表面的反射特性不同其光谱组成也不同，于是入射到人眼中的颜色也不同。人眼对物体的颜色感觉取决于照明光源的光谱组成和物体表面对光源入射各波长的反射比。

颜色测量的基础包括两个方面：一是颜色测量所需要的仪器；另一个就是基本色度学所提供的CIE1931 *XYZ*标准色度学系统以及现代色度学所提供的色差公式和色空间理论。CIE1931 *XYZ*标准色度学系统的依据是理论与实验认为所有颜色都可以用光的三原色混合而成，通过红、绿、蓝三原色的相加混合可以得到不同的颜色。

任何物体的颜色都取决于照明光源、物体本身的光学性质以及观察者的颜色视觉，为了有一个通用的颜色表示和计算方法，CIE（国际照明委员会）规定了CIE标准光源和CIE标准色度观察者以及一个用数字来表示颜色的体系。这就是CIE1931 *XYZ*标准色度学系统，这个体系规定，任何物体的颜色都可以用X、Y、Z三个数值来表示，称为三刺激值。其计算公式为

$$X = \int_{\lambda} k\varphi(\lambda)\bar{x}(\lambda)\mathrm{d}\lambda \approx \sum_{400}^{700} k\varphi(\lambda)\bar{x}(\lambda)\Delta\lambda \tag{2-18}$$

$$Y = \int_{\lambda} k\varphi(\lambda)\bar{y}(\lambda)\mathrm{d}\lambda \approx \sum_{400}^{700} k\varphi(\lambda)\bar{y}(\lambda)\Delta\lambda \tag{2-19}$$

$$Z = \int_{\lambda} k\varphi(\lambda)\bar{z}(\lambda)\mathrm{d}\lambda \approx \sum_{400}^{700} k\varphi(\lambda)\bar{z}(\lambda)\Delta\lambda \tag{2-20}$$

式中，k为归化系数，目的是规定Y的最大值为100。

如果被测物体是自发光体，$\varphi(\lambda)$为发光物体辐射的相对光谱功率分布；如果被测物体是非自发光体，透明体或不透明体的颜色刺激函数为

$$\varphi(\lambda) = \tau(\lambda) \cdot S(\lambda) \tag{2-21}$$

$$\varphi(\lambda) = \beta(\lambda) \cdot S(\lambda) \tag{2-22}$$

$$\varphi(\lambda) = \rho(\lambda) \cdot S(\lambda) \tag{2-23}$$

式中，$\tau(\lambda)$、$\beta(\lambda)$、$\rho(\lambda)$分别为物体的光谱透射率、物体的光谱辐亮度因数、物体的光谱反射率；$S(\lambda)$为照明光源的相对光谱功率分布。归一化系数为

$$k = \frac{100}{\sum_{\lambda} S(\lambda)\bar{y}(\lambda)\Delta\lambda} \tag{2-24}$$

在CIE1931 *XYZ*标准色度学系统中描述颜色可以用该颜色在CIE色度图中的坐标位置来表示，即CIE色度坐标，每一种颜色的色度坐标按下列公式计算：

$$\begin{cases} x = \dfrac{X}{X+Y+Z} \\ y = \dfrac{Y}{X+Y+Z} \\ z = \dfrac{X}{X+Y+Z} \end{cases} \tag{2-25}$$

只用三个参数中的两个来描述颜色。通常也需给出 Y 刺激值，用以构成一个颜色立体。

特征提取是从图像中提取客观的颜色特征，需要考虑人眼客观度量颜色的心理差别，因此色差公式的选择和运用显得尤为重要。理想的色差公式应建立在一个非常均匀的色空间上，其计算结果与目测应有良好的一致性，而且可真正使用近似统一的色差宽容度用于颜色评价。

CIE 有关技术委员会于 1976 年正式推荐了 CIE 1976$L^*a^*b^*$ 和 CIE 1976$L^*u^*v^*$ 色差公式及其对应的均匀色空间，初步统一了色差公式。CIE 推导出 CIE 1976$L^*a^*b^*$ 色差公式及其对应的均匀色空间。

CIE 1976$L^*a^*b^*$ 色差公式为

$$\begin{cases} L^* = 116\left(\dfrac{Y}{Y_0}\right)^{\frac{1}{3}} - 16 \\ a^* = 500\left[\left(\dfrac{X}{X_0}\right)^{\frac{1}{3}} - \left(\dfrac{Y}{Y_0}\right)^{\frac{1}{3}}\right] \\ b^* = 200\left[\left(\dfrac{Y}{Y_0}\right)^{\frac{1}{3}} - \left(\dfrac{Z}{Z_0}\right)^{\frac{1}{3}}\right] \end{cases} \tag{2-26}$$

式中 X、Y、Z——颜色样品的三刺激值；

X_0、Y_0、Z_0——CIE 标准照明体照射到完全漫反射体上，再经过完全漫反射到观察者眼中的白色刺激的三刺激值；

L^*——明度；

a^*、b^*——色度。

$L^*a^*b^*$ 色空间中求两个颜色的色差的公式为

$$\Delta E_{ab}^* = \sqrt{(\Delta L^*)^2 + (\Delta a^*)^2 + (\Delta b^*)^2} \tag{2-27}$$

CIE 1976$L^*a^*b^*$ 均匀色度空间是一个三维体系（图 2-5），a^*、b^* 轴组成的平面表示颜色的彩度，L^* 轴表示颜色的明度。

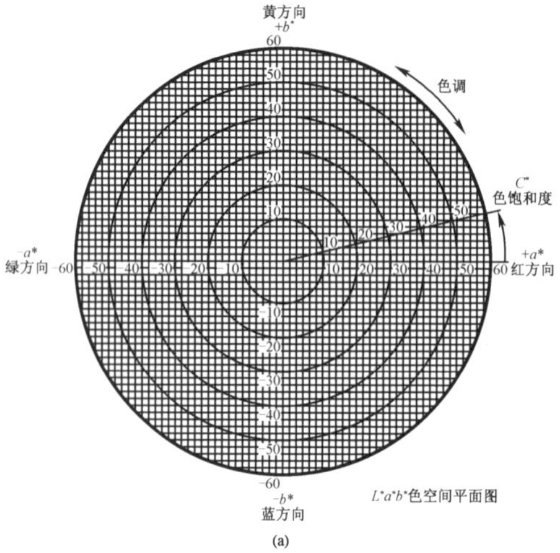

图 2-5 CIE 1976$L^*a^*b^*$ 色度空间立体图

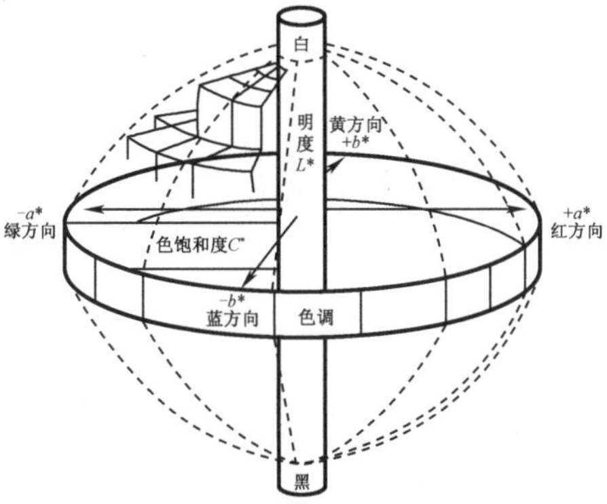

(b)

图 2-5(续)

CIE $L^* a^* b^*$ 色差 ΔE^*_{ab} 与视觉感受可参考表 2-2。

表 2-2　CIE $L^* a^* b^*$ 色差 ΔE^*_{ab} 与视觉感受

色差	视觉感受
ΔE^*_{ab}	视觉感受
<3	刚刚感觉到
3~6	感觉到,可以接受
>6	不能接受

2.3　伪装装备热红外性能试验技术基础

热辐射是物体固有的属性,一切温度高于绝对零度的物体都能产生热辐射。热辐射的本质是电磁辐射。常温的地物发射的热辐射主要在大于 3 μm 的中远红外区,又称为红外辐射。热辐射不仅与地物的表面状态有关,而且是地物内部组成和温度的函数。人眼作为可见光波段的探测,对热辐射不敏感,利用特殊的感光材料做成探测器可以探测到特定波段的热辐射。热辐射探测器可将辐射能转换成电信号,将电信号以图像的形式显示在显示器上,从而将人眼不可见的热辐射转换为可见的红外图像。

2.3.1　热辐射度定律

1. 基尔霍夫定律

在一定的温度下,任何物体的辐射出射度 $M(\lambda,T)$ 与其吸收率 $\alpha(\lambda,T)$ 的比值是一个普适函数 $M_b(\lambda,T)$,与物体的性质无关,即

$$\frac{M(\lambda,T)}{\alpha(\lambda,T)}=M_b(\lambda,T) \tag{2-28}$$

这就是基尔霍夫定律。

物体表面在波长 λ 处吸收的入射辐射的比率定义为光谱吸收率 $\alpha(\lambda)$，将波长 λ 处实际反射和最大可能发射的辐射比值定义为光谱发射率 $\varepsilon(\lambda)$，任何材料在每个方向 (θ,φ) 上的光谱吸收率 $\alpha(\lambda,\theta,\varphi)$ 总是等于其光谱发射率 $\varepsilon(\lambda,\theta,\varphi)$，即 $\alpha(\lambda,\theta,\varphi)=\varepsilon(\lambda,\theta,\varphi)$。对一个在波长 λ 处完全吸收的物体来说，$\alpha(\lambda,\theta,\varphi)=\varepsilon(\lambda,\theta,\varphi)=1$，辐射也是最大值，即好的发射体也是好的吸收体。

2. 普朗克定律

黑体的光谱辐射度 $M(\lambda,T)$ 与物体表面的绝对温度 T 和波长 λ 有如下关系：

$$M(\lambda,T)=2\pi hc^2\lambda^{-5}[e^{hc/\lambda kT}-1]^{-1} \tag{2-29}$$

式中 h——普朗克常数，6.626×10^{-34} J·s；

k——玻尔兹曼常数，$1.380\,6\times10^{-23}$ J·K^{-1}；

c——光速，2.998×10^{8} m·s^{-1}。

3. 维恩位移定律

黑体辐射光谱分布曲线极大值对应的波长 λ_m 随黑体温度的升高向短波方向移动，即

$$\lambda_m T=b \tag{2-30}$$

式中，b 为维恩位移常数，$b=2\,898$ μm·K。

维恩位移定律给出了黑体光谱辐射出射度的峰值所对应的峰值波长与黑体温度的关系表达式。维恩位移定律表明，黑体光谱辐射出射度峰值对应的峰值波长与黑体的温度成反比。

4. 斯特藩—玻尔兹曼定律

将式(2-29)中的光谱辐射度在全波长范围内积分，得到黑体的总辐射度 M 的表达式：

$$M=\int_0^{\infty}M(\lambda,T)\mathrm{d}\lambda=\sigma T^4(\mathrm{W\cdot m^{-2}}) \tag{2-31}$$

式中 σ——斯特蕃-玻尔兹曼常量，$\sigma=5.670\,4\times10^{-8}$ W·m^{-2}·K^{-4}。

斯特蕃-玻尔兹曼定律表明，黑体的总辐射度与其温度的四次方成正比。因此，当温度有很小的变化时，就会引起辐射度的很大变化。不同温度下黑体辐射度随波长的变化关系曲线中每条曲线下的面积，代表了该曲线对应的黑体总辐射度。随着温度的增加，曲线下的面积迅速增大。

黑体辐射度与波长的关系如图2-6所示。

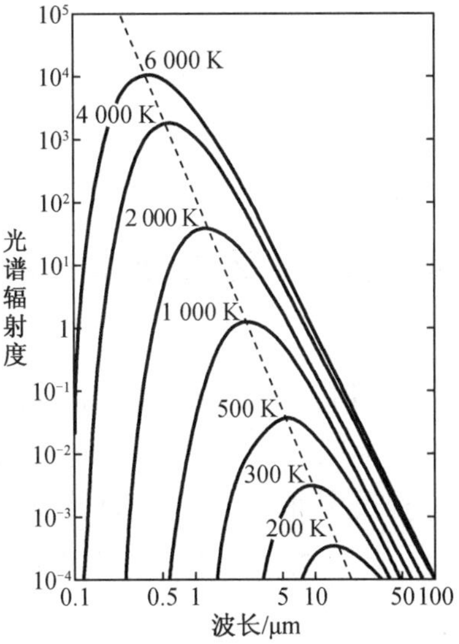

图 2-6 黑体辐射度与波长的关系

2.3.2 发射率与灰体辐射

黑体是最强的辐射体，实际中物体的辐射能力不如黑体，为了方便研究，定义了实际物体的发射率。发射率是物体实际辐射度与同温度黑体在相同条件下的辐射度之比，取值为 0～1。在实际测量中，根据波段范围，发射率可分为全发射率、光谱发射率和波段发射率；根据方向，可分为半球发射率和法向发射率等。

定义温度为 T 时，物体波长 λ 的光谱发射率为

$$\varepsilon(\lambda) = \frac{M(\lambda, T)}{M_b(\lambda, T)} \tag{2-32}$$

式中 $M(\lambda, T)$——物体的光谱辐射度；

$M_b(\lambda, T)$——黑体的光谱辐射度。

定义波段发射率为

$$\varepsilon_{\lambda_1\lambda_2} = \frac{\int_{\lambda_1}^{\lambda_2} M(\lambda, T)}{\int_{\lambda_1}^{\lambda_2} M_b(\lambda, T)} = \frac{\int_{\lambda_1}^{\lambda_2} \varepsilon(\lambda) M_b(\lambda, T)}{\int_{\lambda_1}^{\lambda_2} M_b(\lambda, T)} \tag{2-33}$$

在全波段$(0, \infty)$积分，得到的发射率为全发射率 ε。ε 的取值范围为 0～1，ε 等于 1 的黑体具有最强的辐射能力。

发射率是物体的表面性质，与物体的种类、表面粗糙度、温度等有关，又称为表面发射率。

对于普通物体，可以近似认为是灰体，单位面积热辐射功率的计算公式为

$$M = \varepsilon\sigma T^4 \tag{2-34}$$

式中 M——物体单位面积辐射功率，W/m^2；

T——物体表面绝对温度，K；

ε——物体发射率。

物体单位面积的热辐射功率与其表面温度和发射率有关,温度和发射率越高,辐射出的能量越强。

2.4 伪装装备雷达性能试验技术基础

雷达探测目标是通过向目标发射一束强的电磁波,检测从目标反射回的电磁波信号,这个反射信号就带有目标的信息特征。目标对入射电磁波的反射特征用雷达截面积(RCS)来表征。RCS就是目标受到雷达电磁波的照射后,向雷达接收方向散射电磁波能力的度量,反映了目标的散射能力。不同物体的雷达截面积存在差异,雷达通过测量物体反射辐射电磁波的差异性来发现目标和测定目标的位置。

雷达伪装就是通过一定的技术措施,减小或改变目标雷达截面积 σ,使敌方雷达接收不到准确的目标信息,从而干扰敌方雷达,降低其发现或测定目标的能力,达到隐蔽目标的效果。

2.4.1 雷达截面积

目标 RCS 是定量表征目标散射强弱的物理量。RCS 可理解为把目标散射效率等效为一个各向同性反射体的截面积,是个假想的面积,具有面积的量纲,单位为 m^2,一般以对数形式给出,称为分贝平方米,记为 dBm^2,即

$$\sigma(\mathrm{dBm^2}) = 10 \cdot \lg \sigma(\mathrm{m^2})$$

RCS 定义为单位立体角内目标散射的功率与从给定方向入射该目标的平面波功率密度之比的 4π 倍,即

$$\sigma = 4\pi \lim_{R\to\infty} R^2 \frac{|E_\mathrm{s}|^2}{|E_\mathrm{i}|^2} = 4\pi \lim_{R\to\infty} R^2 \frac{|H_\mathrm{s}|^2}{|H_\mathrm{i}|^2} \tag{2-35}$$

式中 $E_\mathrm{s}(H_\mathrm{s})$——雷达处收到的目标散射电场(磁场)强度;

$E_\mathrm{i}(H_\mathrm{i})$——目标处入射雷达波电场(磁场)强度;

R——雷达与目标之间的距离。

根据定义公式,RCS 是在远场条件下的,因此,散射电场与入射电场都是平面波,RCS 与距离没有关系。

影响目标 RCS 的因素很多,主要包括目标的物质组成、几何外形和姿态等,雷达测量得到的 RCS 值与雷达波长、极化方式、测量距离等有关。

不规则目标 RCS 很难精确的计算,一般是通过测量得到的。基于测量观点定义的 RCS 是由雷达方程推导出来的。根据雷达方程,若已知发射功率 P_t,发射和接收天线增益 G,雷达波长 λ,目标到雷达的距离 R,测出接收功率 P_r,则雷达目标截面积为

$$\sigma = \frac{(4\pi)^3 R^4 P_\mathrm{r}}{G^2 \lambda^2 P_\mathrm{t}} \tag{2-36}$$

2.4.2 后向散射系数

根据雷达检测理论，目标在雷达图像中不被发现应满足：

$$\sigma_t \leqslant (1.5 \sim 3)\sigma_b \tag{2-37}$$

式中 σ_t——一个雷达分辨单元中目标的 RCS；

σ_b——一个雷达分辨单元中背景的 RCS。

背景的后向散射系数 σ_0 定义为背景单位几何面积的 RCS：

$$\sigma_0 = \frac{\sigma_b}{A} \tag{2-38}$$

式中 σ_b——雷达波束照射的实际背景面积的 RCS，m^2；

A——雷达波束照射的实际背景面积，m^2。

背景测量的后向散射系数为

$$\sigma_0 = \frac{(4\pi)^3 R^4 P_r}{G^2 \lambda^2 A P_t} \tag{2-39}$$

测量得到背景的后向散射系数与雷达波入射角、入射波长、极化方式等密切相关。

2.5 伪装装备试验设备

伪装装备试验设备主要包括伪装装备性能指标参数测试设备和伪装效果评价所需数据采集设备。与侦察装备和精确制导武器工作波段相对应，伪装试验设备主要包括光学检测设备、热红外检测设备和雷达检测设备等。光学检测设备主要有光泽度计、多光谱相机、分光光度计、地物波谱仪等；热红外检测设备包括红外光谱仪、各种热成像仪等；雷达检测设备包括微波散射计、合成孔径雷达等。

2.5.1 光泽度计

1. 光泽度

若物体表面为光学平滑面，即表面凹陷间隙小于 1/16 入射波长，当入射光为平行光束时，则镜面反射光也为平行光束，且完全不受物体本身颜色的影响，入射光为白光，镜面反射光仍为白光。在理论上，光泽被定义为物体表面镜面反射能力与完全镜面反射能力的接近程度。对于镜面，入射光几乎全部沿镜面方向反射，对于无光泽表面，入射光在任何角度反射都一样，即为漫反射。

2. 工作原理与组成

大多数光泽度计是测量物体表面反射率，即镜面光泽度测量仪。测量时所选的入射角不同，测量的结果也不同。入射角越大，镜面反射率越大，光泽越高；反之，镜面反射率越低，光泽度也越低。因此，光泽度高低不仅取决于物体的表面特性，还取决于仪器的测量角度。

仪器的测量头由发射器和接收器组成，发射器由白炽光源和一组透镜组成。接收器由透镜和光敏元件组成，用于接收从样品表面反射的椎体光束。

光泽度计测量原理如图 2－7 所示。光源射出一束光经过透镜 L_1 到达被测物体表面 P，被测面将光反射到透镜 L_2，透镜 L_2 将光束汇聚到位于光阑 B 处的光电池处，光电池进行光电转换，再将电信号送往处理电路，然后显示测量结果。

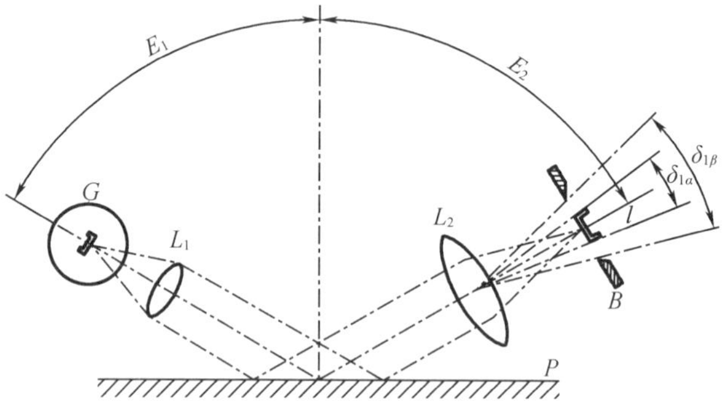

图 2－7　光泽度计测量原理图

3. 设备性能

以常用光泽度计为例，外观如图 2－8 所示，其主要技术参数如表 2－3 所示。

图 2－8　光泽度计外观图

表 2－3　光泽度计技术参数表

测量范围	0～20 GU	20～100 GU	100～2 000 GU
重复性	±0.1 GU	±0.2 GU	±0.2%

2.5.2　多光谱相机

多光谱相机主要用于拍摄伪装装备的多光谱影像，通过影像判断伪装装备在红、绿、蓝、近红外等波段的伪装效果。

1. 工作原理与组成

多光谱相机的基本构成包括：光学系统、控制和信息处理器以及其他结构。光学系统可以在各个谱段范围内成像，控制杂散光，是较为重要的部分，对工作谱段范围和分辨能力起到了决定性作用；控制和信息处理器控制多光谱相机的整个工作过程，处理和存储图像数据；其他结构包括物镜、电路系统、探测器及其他零配件。

2. 设备性能

以常用多光谱相机为例，外观如图 2-9 所示。有 3 个 CCD 传感器，含红、绿、蓝、近红外四个波段，其中绿波段和蓝波段共用 1 个 CCD 传感器。RS-232 接口可方便控制和设定相机工作参数，能够扩展进行远程操作。其主要技术参数见表 2-4。

图 2-9　多光谱相机

表 2-4　多光谱相机技术参数表

项目	技术参数
拍摄装置	1 inch 行间转移 CCD
光谱范围	红、绿、蓝、近红外四波段
图像分辨率	1 920(H) ×1 080(V)
像素尺寸	7.4×7.4
感应区域	14.2 mm×8 mm
帧速率	每秒 10 帧
工作温度	0～50 ℃

2.5.3 分光光度计

分光光度计主要用于测量伪装装备所用材料的光谱反射率，光谱反射率是衡量伪装材料光学性能的重要指标之一。目前常用的伪装装备所用材料在紫外-可见光-近红外波段一般是非透明的，通过对分光光度计测量的光谱反射率进行计算，得到材料的三刺激值、色度坐标、亮度、色差、亮度对比等性能参数。

1. 工作原理与组成

紫外－可见光－近红外分光光度法是利用某些物质分子吸收光谱区的辐射来进行分析测定的方法。分光光度计主要由5个部分组成:光源、单色器、吸收池、检测器和信号指示系统等。

分光光度计中常用的光源有气体放电光源和热辐射光源等,其中气体放电光源用于紫外区,如氢灯和氘灯等;热辐射光源用于可见光、近红外区域,如钨丝灯、卤钨灯等。单色器是把光源辐射的复合光分出单色光的光学装置,主要功能是产生高纯度光谱且其波长在紫外－可见光－近红外区域内可调。吸收池用于盛放分析试样,一般为石英或玻璃材料。检测器是检测光信号、测量单色光透过试样后光强度变化的一种装置,常用的检测器有光电池、光电管和光电倍增管等。

2. 设备性能

紫外－可见光－近红外分光光度计可归纳为3种类型,即单光束分光光度计、双光束分光光度计和双波长分光光度计。常用双波长分光光度计外观如图2－10所示。

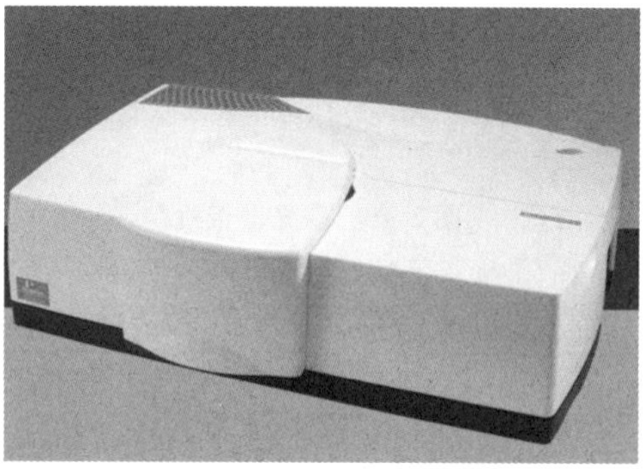

图2－10　常用双波长分光光度计

常用双波长分光光度计测试波段可覆盖紫外、可见光、近红外、短波红外波段。主要性能指标如下。

(1)波长范围:175～3 300 nm。

(2)杂散光:0.000 08%T,在220 nm、340 nm、370 nm按ASTM E－387法测量。

(3)仪器线性范围:7.5 A。

(4)波长精度:UV/Vis ±0.08 nm,NIR ±0.35 nm。

(5)分辨率: <0.06 nm。

(6)光度精度: ±0.000 4 A @ 0.5 A,双光阑法。

(7)光度重复性: <0.000 09 A。

(8)基线漂移: <0.000 3 A/h。

(9)基线平直: <0.000 9 A,无平滑。

(10)噪声水平：<0.000 05 A(0 A,1 500 nm,均方根)。

(11)光源：预校准的氘灯、碘钨灯，自动转换。

(12)检测器：R6872 型光电倍增管及 PbS。

(13)分光系统：双单色器型，全息光栅。

(14)刻线数：紫外/可见光为 1 440 条/毫米，近红外为 360 条/毫米。

2.5.4 地物波谱仪

地物波谱仪用来测量目标或背景的光谱反射率，通过对比伪装后目标与其周围背景地物的反射率，评价伪装后目标的伪装效果，通过对比真、假军事目标表面反射率，评价假目标的示假性能。

1. 工作原理及组成

地物波谱仪整机由光学系统、电子线路系统、液晶显示和智能化微电脑组成。野外工作可以手持，也可装于三脚架上。主要包括：主机、野外专用测谱 PDA、光学镜头、光纤及光纤手柄、植被探头、反射率标准白板、专用可充电锂电池及专用充电器、植被探头、通信电缆、实验室光源、专业三脚架、野外便携密封箱、PC 专业数据分析及处理软件、PDA 专用数据采集软件等。

2. 设备性能

以常用地物波谱仪为例，外观如图 2－11 所示，技术参数如表 2－5 所示。该地物波谱仪可以测量辐射、辐照度、CIE 颜色、反射和透射，每秒最快可得到 10 条光谱曲线；可以实时测量并观察反射、透射、辐射度；能够自动采集数据并实时显示光谱曲线。

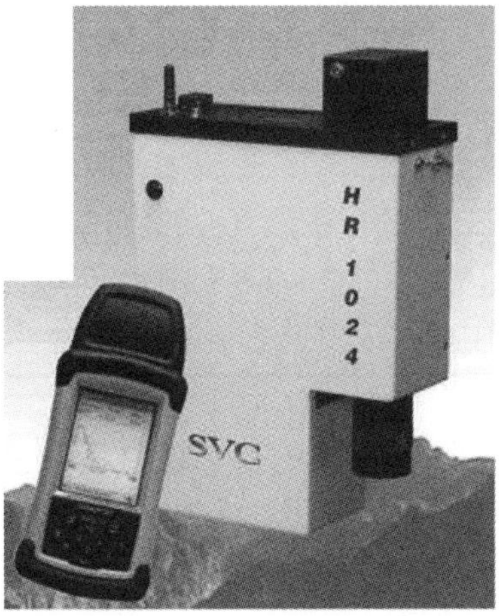

图 2－11 地物波谱仪

表 2-5　地物波谱仪技术参数表

光谱范围	350～2 500 nm
内置存储器	500 scans
通道数	1 024
线阵列探测器	512 Si,350～1 000 nm 256 InGaAs,1 000～1 850 nm 256 扩展的 InGaAs,1 850～2 500 nm
光谱分辨率(FWHM)	≤3.5 nm,350～1 000 nm ≤9.5 nm,1 000～1 850 nm ≤6.5 nm,1 850～2 500 nm
光谱采样带宽(最小)	≤1.5 nm,350～1 000 nm ≤3.8 nm,1 000～1 850 nm ≤2.5 nm,1 850～2 500 nm
最小积分时间	1 ms
视场(FOV)	4°标准镜头 25°光纤 植被探头
波长重复性	0.1 nm
标定精度(NIST 可追踪)	±5% @ 400 nm ±4% @ 700 nm ±7% @ 2 200 nm
操作环境	-10～40 ℃

2.5.5　红外光谱仪

红外光谱仪是利用物质对不同波长的红外辐射的吸收特性,进行物质分析的仪器。红外线是波长介于可见光和微波之间的电磁波,伪装装备性能试验重点关心的红外波长范围分为近红外(0.76～1.2 μm)、短波红外(1.2～2.5 μm)、中红外(3～5 μm)和远红外(8～14 μm)四个波段,对应波数值为 714～13 158 cm^{-1}(波数值单位为 cm^{-1},波数值=10 000/波长)。

1. 工作原理及组成

红外光谱仪通常由光源、单色器、检测器和计算机信息系统组成。根据分光装置的不同,分为色散型和干涉型。到目前为止,红外光谱仪已经发展了三代,棱镜色散型红外光谱仪、光栅色散型红外光谱仪和傅里叶变换红外光谱仪(FTIR)。FTIR 是 20 世纪 70 年代发展起来的,它是根据光的相干性原理设计的,是一种干涉型红外光谱仪。

光源:能发射出稳定、高强度连续波长的红外光,通常使用能斯特灯、碳化硅或稀土化合物的镍铬旋状灯丝。

干涉仪:迈克尔逊干涉仪的作用是将复色光变为干涉光。

检测器:检测器一般分为热检测器和光检测器两大类。热检测器是把某些热电材料的晶体放在两块金属板中,当光照射到晶体上时,晶体表面电荷分布变化,由此测量红外辐射的功率。光检测器是利用材料受光照射后,由于导电性能的变化而产生不同的信号。

当某一频率的红外光线聚焦照射在被分析的样品时,样品分子中某个基团的振动频率与所照射红外线频率相同就会产生共振,这个基团就吸收一定频率的红外线,把分子吸收红外线的情况用仪器记录下来,便能得到反映试样成分特征的光谱。

2. **设备性能**

以 FTIR 红外光谱仪为例,如图 2 - 12 所示。此类设备具有扫描速度快、光通量大、没有入射狭缝、分辨率高、波数精确等优点,不受辐射源随时间变化的影响,配备黑体炉后可实现热红外波段光谱辐射特性测试。

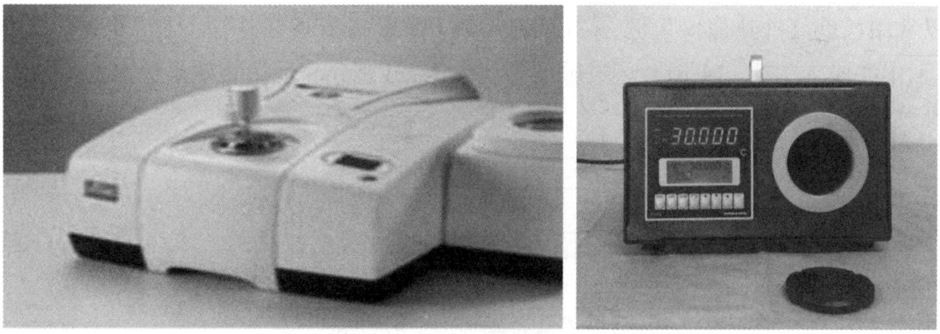

图 2 - 12　FTIR 红外光谱仪主机及黑体炉

主要性能指标如下。

(1)光源种类:中红外区采用高能量黑体空腔光源,按 ASTM 标准测试 E4000/Emax 大于 70%。近红外区采用卤钨灯光源。

(2)分束器:KBr/CaF2 双分束器。

(3)检测器:快速恢复 MIR - DTGS 及 NIR - DTGS 检测器。

(4)光阑:计算机控制连续可变光阑。

(5)光谱范围:15 000 ~ 350 cm^{-1}。

(6)分辨率:优于 0.4 cm^{-1}(中红外区)、0.1 ~ 6.4 nm,1 000 nm 处(近红外区)。

(7)信噪比(RMS):优于 250 000∶1(4 cm^{-1}, 1 min,FR - DTGS 检测器,KBr 分束器)。

(8)OPD 速度: 0.10 ~ 4.00 cm/sec 可调。

(9)纵坐标精度:优于 0.05% T。

(10)波数精度:优于 0.008 cm^{-1}。

2.5.6　红外热像仪

伪装装备试验需使用经校准后测温型红外热像仪,从空中或地面采集热红外图像和辐射温度数据,用于定量检测伪装装备在热红外波段的遮蔽、融合、变形或示假性能,检测和评价重要军事目标红外伪装效果。

1. 工作原理及组成

红外热像仪利用光学成像系统接收被测目标的红外辐射能分布图形并反映到红外探测器的光敏元上,由探测器将红外辐射能转换成电信号,经放大处理后转换成标准视频信号,通过显示器显示为热红外辐射分布图像。目前红外热像仪所用探测器一般为红外焦平面阵列探测器。在红外探测器的焦平面上排列着若干按阵列分布的感光单元,目标发出的红外线经过光学镜头聚焦在焦平面的感光元件上,感光元件将接收的红外信号转换为电信号并进行积分放大、采样保持,通过数字信号处理后输出,最终达到监视系统以红外图像的形式进行显示。

2. 设备性能

以常用长波红外热像仪为例,采用640×480像素高清晰红外探测器,外观如图2-13所示,工作波段为7.5~14 μm,热灵敏度为30 mK,可充分满足伪装效果检测的需要。主要技术参数见表2-6。

图2-13　长波红外热像仪外观图

表2-6　红外热像仪技术参数表

项目	技术参数
探测器类型	非制冷焦平面探测器
探测器像素数	640×480像素
光谱范围	7.5~14 μm
帧频	50/60 Hz
测温范围	-40~1 200 ℃
测温精度	±1.5 K(0~100 ℃)
热灵敏度	30 mK

以常用中波红外热像仪为例,采用640×512像素红外探测器,工作波段为3.7~4.8 μm,热灵敏度为17 mK。主要技术参数见表2-7。

表2-7　中波红外热像仪技术参数表

项目	技术参数
探测器类型	MCT/InSb
探测器像素数	640×512像素
光谱范围	3.7~4.8 μm
制冷方式	斯特林制冷,制冷时间:6 min@室温;8 min@60 ℃
测温范围	-40~1 200 ℃
热灵敏度	17 mK
测温精度	±1.0 K(0~100 ℃)
传输	红外图像实时传输

2.5.7　成像光谱仪

成像光谱仪主要是用来获取地物目标窄波段连续光谱图像,同时获得每个像元几乎连续的光谱数据,图谱示意图如图2-14所示。

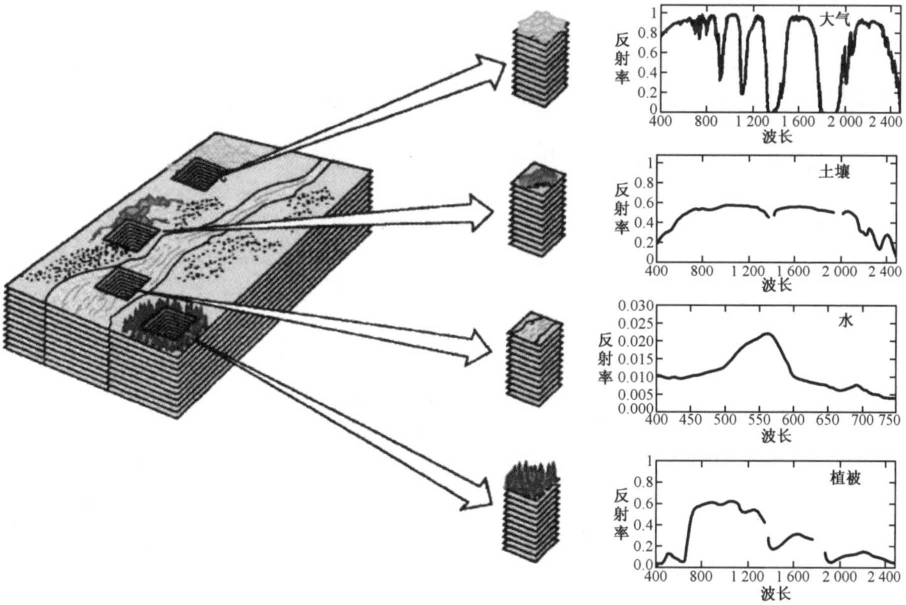

图2-14　成像光谱仪图谱示意图

1. 工作原理与组成

光栅成像光谱仪主要由三部分构成：成像镜头、光谱仪和面阵探测器，如图 2－15 所示。二维物体的一条线带通过成像镜头成像并通过光谱仪前置狭缝，然后光线经过一组透镜后成为在垂直于狭缝方向上的平行光；该平行光通过光谱仪中的透射光栅在垂直于狭缝方向发生色散，变为在垂直于狭缝方向的随波长展开的单色光；该沿垂直于狭缝方向展开的单色光经过光谱仪的最后一组透镜成像到面阵探测器上。面阵单次探测到的是一条狭带物体的光谱，其特点是平行于狭缝方向为狭带物体的灰度分布，而垂直于狭缝方向为像在光谱上的展开。

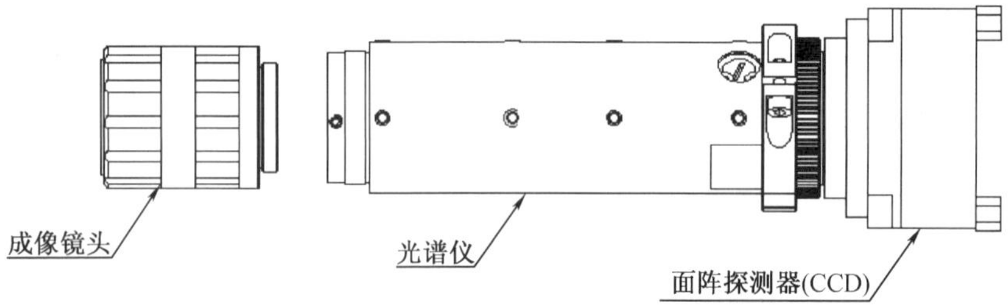

图 2－15　高光谱相机组成示意图

成像光谱仪前端的入射狭缝与成像镜头的焦平面是平行的，通过成像光谱仪的推扫运动来实现对测量区域的扫描成像。

2. 设备性能

以常用可见光/近红外成像光谱仪为例，其主要技术参数如下。

(1) 光谱范围：400 ~ 1 000 nm。

(2) 光谱分辨率：2.8 nm。

(3) 行像素数：优于 1 000 像素。

(4) 视场角：22°(23 mm 镜头，水平方向)。

以常用短波红外成像光谱仪为例，其主要技术参数如下。

(1) 光谱范围：970 ~ 2 500 nm。

(2) 光谱分辨率：10 nm。

(3) 行像素数：优于 320 像素。

(4) 视场角：24.61°(22 mm 镜头，水平方向)。

2.5.8　微波散射特性测试系统

微波散射特性测试系统主要用于野外测试目标与背景的后向散射特性，可以测量得到目标雷达散射截面、背景后向散射系数等参数。

1. 测量原理

系统设计的原理是以雷达方程为基础,研究雷达回波功率与系统参数、背景散射特性之间的关系,具体定义如下:

$$P_r = \frac{P_t G_t G_r F_t^2 F_r^2 \lambda^2 \sigma}{(4\pi)^3 R^4 L} \tag{2-40}$$

式中 P_r——雷达的接收功率;
P_t——雷达的发射功率;
G_t——发射天线增益;
G_r——接收天线增益;
F_t——发射天线方向图因子;
F_r——接收天线方向图因子;
λ——波长;
σ——目标雷达截面积;
R——天线到目标的距离;
L——系统损耗。

在脉冲体制 RCS 测量系统中,雷达的分辨单元与天线波束宽度、脉冲宽度是密切相关的,雷达的分辨单元分为由天线波束宽度确定与由脉冲宽度确定两种情况。

满足式(2-41)的条件时:

$$\tan\theta > \frac{2R\tan(\varphi/2)}{c\tau/2} \tag{2-41}$$

分辨单元由天线波束宽度决定。

满足式(2-42)的条件时:

$$\tan\theta < \frac{2R\tan(\varphi/2)}{c\tau/2} \tag{2-42}$$

分辨单元由脉冲宽度决定。

采用窄带脉冲体制分辨单元由脉冲宽度确定,在小的入射余角上,雷达的照射面积 A 可用式(2-43)表示。其中,R_φ 表示分辨单元沿方位向的宽度,$\frac{c\tau}{2}\sec\theta$ 表示距离向分辨力。

$$A = R_\varphi \frac{c\tau}{2}\sec\theta \tag{2-43}$$

对于地面等扩展性面目标而言,雷达散射截面 σ 可由公式(2-44)表示:

$$\sigma = \sigma_0 A \tag{2-44}$$

其中,σ_0 为散射系数,A 为照射面积。将式(2-43)代入式(2-39),可得到散射系数的计算公式(2-45):

$$\sigma_0 = \frac{128\pi^3 h^3 L P_r}{P_t G_t G_r F_t^2 F_r^2 \lambda^2 c\tau\varphi\sec\theta\sin^3\theta} \tag{2-45}$$

在满足远场条件（$R>2D_t^2/\lambda$，D_t 为目标最大横向尺寸）以及一定信噪比的情况下，依据式（2－45）即可实时得到待测背景或目标的散射系数。

在实际测量中，是在保持雷达测量系统的功率、频率和测量距离不变的条件下，首先分别测量目标和标准体的回波信号电压，根据公式（2－45）得到目标的 RCS。

$$\sigma_t=\frac{V_t^2}{V_s^2}\sigma_s \tag{2-46}$$

其中　σ_s——标准体的 RCS，可理论计算得到；

σ_t——被测目标的 RCS；

V_t——测量得到的目标信号电压值；

V_s——测量得到的标准体信号电压值。

天线覆盖区域示意图如图 2－16 所示。

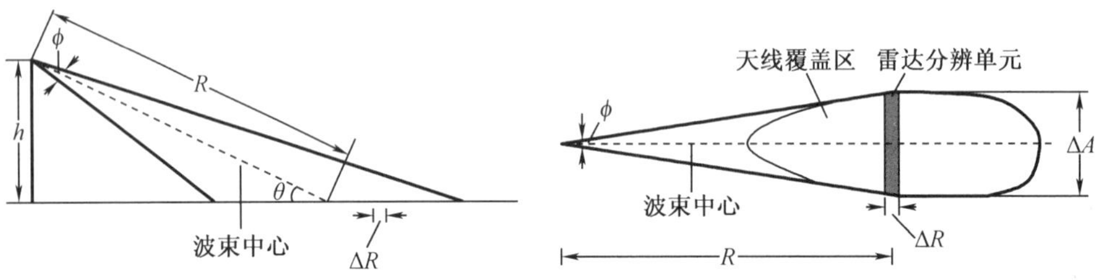

(a)侧视图　(b)俯视图

图 2－16　天线覆盖区域示意图

2. 系统组成

微波散射特性测试系统由矢量网络分析仪（简称矢网）、天线、伺服、主控计算机、抱闸、矢网保护柜、辅助设备等组成，如图 2－17 所示。矢网是信号收发的核心部件；天线由 L、S、C、X、Ku、Ka 等频段的天线组成；伺服设备一套，实现对天线波束指向角度的控制；主控计算机通过以太网与接口转换设备，实现对设备的远程控制、信号采集与显示、数据保存以及测试数据的管理；抱闸是由四个制动器组成的设备，在吊装平台下确保系统的平衡性调整、天线波束指向角的准确性以及设备的升降安全；矢网保护柜用于安装矢网、以太网交换机、串口联网服务器、温度传感器、直流（DC）电源等设备，用于实现对矢网的保护、系统的集成等功能；辅助设备包括定标球、供电设备和安装工具等，用于系统外定标和提供电力保障等。本系统以野外工作为主，包括吊装平台与固定平台两种工作模式，实现典型目标、背景等散射特性测量。

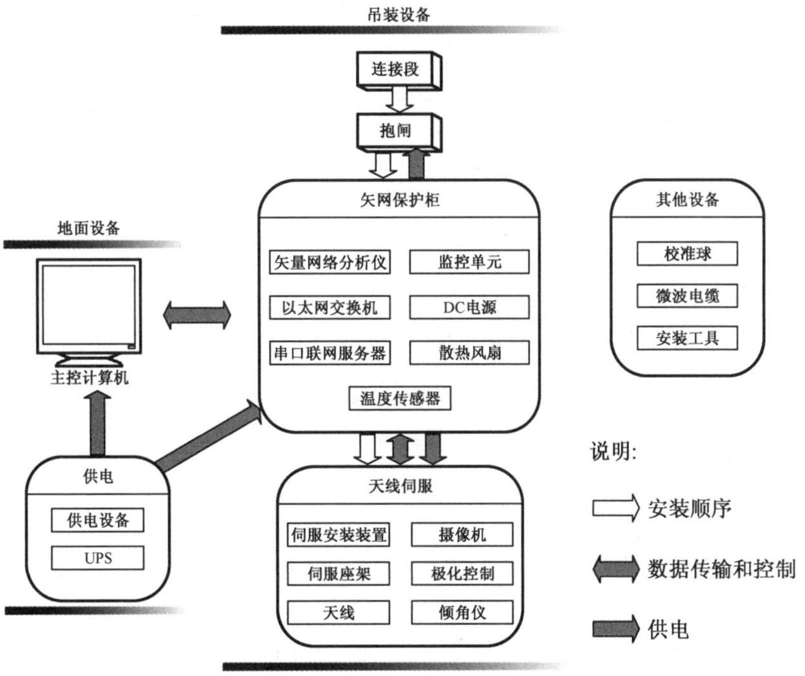

图 2-17 微波散射特性测试系统组成图

2.5.9 空中伪装检测系统

空中伪装检测系统主要由飞行平台、合成孔径雷达、光电测量吊舱等组成，用于模拟合成孔径雷达侦察、红外和光学对地侦察，获取伪装装备综合伪装效果评价所需图像数据。

1. 工作原理及组成

合成孔径雷达用于采集目标和背景的雷达图像数据；光电测量吊舱一般携带光学、中远红外成像设备、光谱成像设备等任务载荷，获取伪装目标和背景的光学、红外图像和成像光谱数据。

2. 合成孔径雷达

合成孔径雷达试验系统以遥控无人飞行平台搭载的合成孔径雷达为例，其构成如图 2-18 所示，包括合成孔径雷达(SAR)分系统、测控系统、地面控制分系统和地面成像处理分系统。

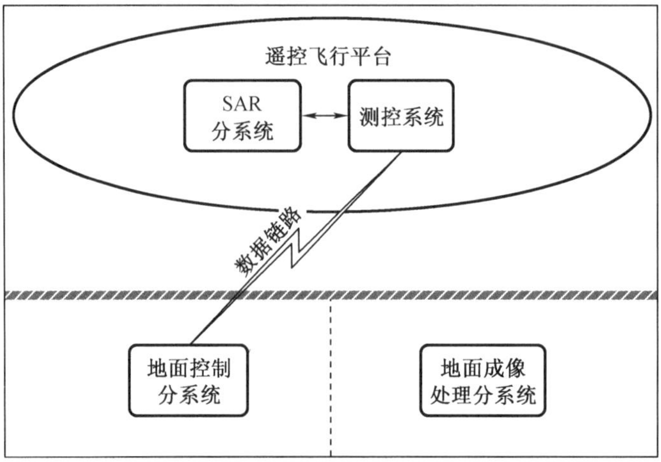

图 2-18　合成孔径雷达试验系统组成框图

加装于遥控无人飞行平台的 SAR 分系统，通过向地面发射不同极化方式的电磁波并进行接收、转换、采集、记录以及实时处理，得到地面目标和背景的雷达回波数据。

地面控制分系统设备，主要通过艇上与地面建立的测控链路实现对雷达设备的遥测和遥控，即通过上行指令控制机上设备工作，通过下行链路接收实时成像结果和系统监控信息。

地面成像处理设备，主要在飞行器返回地面后，对雷达设备的数据记录单元进行数据回放和精细成像处理，得到高分辨率雷达图像。

3. **光电测量吊舱**

光电测量吊舱以某多波段吊舱为例，其结构采用了模块化设计，把传感器和采集控制主机分开，可以灵活地满足不同飞行任务对载荷的需求，如无人驾驶飞艇、直升机、动力三角翼、无人多旋翼飞机等平台。光电测量吊舱系统信息流程及电气关系如图 2-19 所示。

光电测量吊舱系统包括了短波红外高光谱成像仪、可见光/近红外高光谱成像仪、多光谱相机、热像仪等检测设备，可实现对目标和背景区域多波段同步数据采集。

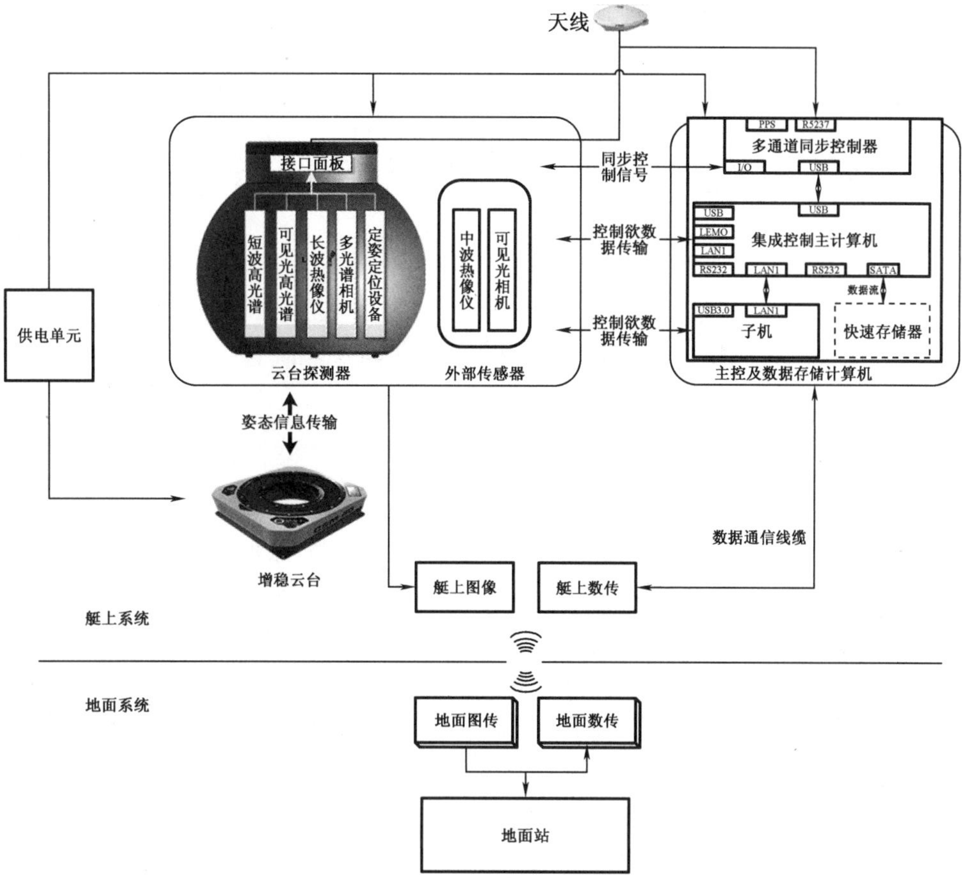

图 2-19　光电测量吊舱系统信息流程及电气关系示意图

第3章 伪装涂料试验鉴定技术

3.1 伪装涂料性能试验概述

3.1.1 伪装涂料组成和分类

在《伪装术语》(GJB 434B—2021)中,伪装涂料的定义为:涂敷于目标、遮障或背景表面以对付敌侦察和制导武器的涂料。伪装涂料是最基本的伪装装备,按对抗探测设备的工作波段又分为防光学伪装涂料、防热红外伪装涂料、雷达波吸收涂料和防多波段伪装涂料。防光学伪装涂料有永久性(溶剂型、水性)和临时性(油溶性、水溶性、可剥性)伪装涂料。防热红外伪装涂料有隔热涂料和热图迷彩涂料。雷达波吸收涂料有宽频和窄频吸波涂料。按照涂装后适用背景类型,伪装涂料可分为林地型、丛林型、戈壁型、雪地型、高原型、海洋型、城市型等类型;按照使用方式,伪装涂料可分为常温固化型、烘烤型;按成膜物质分类,可分为溶剂型伪装涂料和水性伪装涂料。

3.1.2 伪装涂料的使用

伪装涂料由成膜物质、颜(填)料、助剂调配而成,涂覆在技术兵器、车辆和军事设施等军用目标外表面上实施迷彩伪装,减小或降低目标与背景在光学、中远红外或雷达波段的特征差异,降低目标在背景上的显著性,提高目标与背景的融合性,使其能有效对抗各种光学、红外及雷达侦察手段。迷彩伪装实施方法主要包括保护迷彩、变形迷彩、仿造迷彩、小斑点迷彩和数码迷彩等。

1. 保护迷彩

保护迷彩是复制背景基本色或背景优势色的单色迷彩。例如,汽车、坦克或其他军用装备上的草绿色就是在林地背景上的一种保护迷彩。

2. 变形迷彩

变形迷彩是由几种形状不规则的大斑点组成的多色迷彩,主要用于伪装各种活动目标。

3. 仿造迷彩

仿造迷彩是仿制目标周围背景图案的多色迷彩,它能使目标融合于背景中,成为背景的一部分,用于固定目标或长期停留在固定地点的活动目标的伪装。由于仿造迷彩能使目标成为自然背景斑点的自然延伸,在多色斑驳的背景上,其伪装效果优于保护迷彩和变形迷彩。

4. 小斑点迷彩

小斑点迷彩又称为双重结构迷彩,近距离观察时这种迷彩由各种小斑点构成,远距离侦察时由于侦察器材分辨率不能区分单个的小斑点,各色小斑点经空间混色形成大斑点。

5. 数码迷彩

数码迷彩是小斑点迷彩的深化和发展,是随着数字成像侦察技术的发展和计算机技术在伪装设计领域的应用而发展起来的。从应用效果上看,小斑点迷彩和数码迷彩是变形迷彩的一种改进。

3.1.3 伪装涂料的发展

1. 光学伪装涂料

早期的伪装涂料主要为防可见光及近红外观察的光学伪装涂料。依据防可见光及近红外观察要求,利用简单的颜料、染料和就便黏合剂配制而成,或是直接选用民用油漆,分临时使用和长期使用两种。早期能长期使用的光学伪装涂料分为醇酸型和过氯乙烯型两个类别,具有良好的可见光、近红外伪装性能和物理机械性能,可满足武器装备、军事设施光学迷彩伪装的要求。临时性迷彩伪装用的伪装涂料,用水作溶剂,在现场配制成糊状,用于临时改变某一种斑点图案,以增强装备与背景的融合。不需要时,可用水冲洗将其清除,而不会伤及下层永久性漆膜。

随着光学迷彩伪装技术在部队的推广使用以及伪装涂料国军标的制定,伪装涂料也在不断改进,对涂料的颜色与色差,可见光、近红外亮度等做了明确规定,使伪装性能得到提高。对成膜物质加以改性和增加必要的添加剂,以提高涂料的物理机械性能,使伪装涂料能更好地满足各种武器装备在不同区域、不同使用条件下的迷彩伪装要求。

光学伪装涂料主要分成溶剂型伪装涂料和水性伪装涂料两种。溶剂型伪装涂料的基料主要有:醇酸树脂、酚醛树脂、环氧树脂、聚氨酯等,用聚氨酯作为成膜物质的涂料,其耐老化性能更为优异。

光学伪装涂料使用的历史最长,经过长期的发展,其技术较为成熟。纵观当前可见光(含近红外)伪装涂料,对于其伪装性能指标及要求,人们已经掌握,而且,对于植物在 700 ~ 900 nm 波段光谱反射率比较高这个事实的解释也已经比较明确。绿色伪装涂料研究的重点和难点在于复制出 700 ~ 900 nm 与叶绿素具有相似的光谱反射特性。

2. 中远红外伪装涂料

中远红外伪装涂料应具有较强的红外辐射控制能力,从而在热红外图像上形成不同的亮暗斑点分布，达到歪曲、分割、变形目标的红外图像的目的。同时，也应具有光学伪装涂料的性能，从而具有基本的防光学侦察的能力。根据红外辐射控制机理的不同，中远红外伪装涂料可以分为红外发射率伪装涂料和隔热涂料。采用高、中、低不同红外发射率的伪装涂料，在军事目标表面实施迷彩伪装，可使目标表面的红外辐射呈现出不同强度级差，从而在热红外图像上形成不同的亮暗斑点分布。部分军用目标内部具有热源，这使其表面温度很高，单纯依靠红外低发射率伪装涂料不能有效衰减中远红外辐射，可采取恰当的隔热措施，通过增加表面的总热阻来降低表面温度，提高红外伪装效果。

3. 雷达伪装涂料

雷达发现目标及测定目标参数，是通过测定目标对雷达发射的电磁波反射回波信号来实现的。因此，雷达伪装涂料要求对相应波段的雷达波具有低的反射能力。按照工作原理的不同，可分成干涉型、吸收型和结构型三类。为方便使用，通常将雷达波吸收材料制成涂料，可以用于舰艇、飞机、坦克等复杂军事目标的反雷达伪装。其基料主要采用聚氨酯、环氧树脂等，其填料通常是电、磁损耗材料，如铁氧体、炭黑等。

3.1.4 伪装涂料主要技术指标

1. 光学性能指标

伪装涂料的常用光学性能指标包括光谱反射率、色差、近红外亮度因数、可见光亮度对比、近红外亮度对比、近红外和红光波段反射率比值、光谱反射通道拟合度及光泽度等。其中光谱反射率是最基本的，除光泽度外，其他指标可由光谱反射率计算得到。

光谱反射率是指在无穷小波长范围内，反射与入射的辐射能通量或光通量密度的比值。简单来说，如果我们用一束单色光去照射物体表面，则从表面反射回来的光通量与入射的光通量之比就称为该表面对这个波长的光谱反射率。造成目标与背景在光学波段(包括紫外、可见光及近红外)上反射差别的因素有很多，主要是物体表面的光谱反射特性。在选择伪装涂料或材料时尽量做到让目标表面的光谱反射曲线和背景相一致。只有使目标表面的反射特性接近相应背景的反射特性时，才能消除或减少目标与背景之间的色彩差别和亮度差别，达到好的伪装效果。

2. 红外性能指标

现阶段伪装涂料的中、远红外性能技术指标主要是红外发射率。

红外发射率是指物体的热辐射量与处于相同温度的黑体同一辐射量的比值。发射率是影响目标和背景红外辐射特性的重要因素，在温度相同的情况下，发射率大的物体辐射出更强的红外辐射。发射率大小与材料的种类、温度、表面性质等因素有关。三色或四色变形迷彩使用的涂料一般具有不同的热红外发射率，使目标在热图中呈现灰度不同的斑点，从而使目标原有红外辐射分布特性产生改变，造成敌方识别困难。

3. 雷达性能指标

使用雷达波吸收涂料涂装在目标的表面可以缩减目标 RCS,从而达到雷达伪装的目的。伪装涂料的雷达性能指标主要是雷达波反射率或吸收率等,在实际测量中,吸收率很难直接测量得到,故以反射率测量为主。

4. 其他性能指标

伪装涂料在使用中需要兼顾其他防护和装饰作用,因此,还具有普通涂料的基本性能要求。耐候性指标主要包括耐日晒、耐老化、耐湿热、耐盐雾、耐高温、耐低温等性能。物理机械性能指标主要包括附着力、柔韧性、粘度[①]、细度、遮盖力、耐冲击性、硬度、干燥时间(表干和实干)等。化学性能指标主要包括耐盐水性、耐水性、耐油性、耐酸性、耐碱性、耐霉菌等。涂刷性能指标主要包括复合涂层兼容性、贮存稳定性、涂装作业适应性等。

3.1.5　伪装涂料性能试验

伪装涂料性能试验是为验证伪装涂料的技术方案、检验伪装涂料的战术技术指标及其性能边界、确定装备技术状态等进行的试验活动。主要包括光学性能试验、红外性能试验、雷达性能试验、物理机械性能试验、耐候性试验、化学性能试验、涂刷性能试验等,伪装涂料性能试验主要项目如表 3－1 所示。

表 3－1　伪装涂料性能试验主要项目

序号	试验项目	伪装涂料类型			
		水性	溶剂型		
		光学	光学	热红外	雷达
1	光谱反射率测量	●	●	●	—
2	三刺激值计算	●	●	●	—
3	色品坐标计算	●	●	●	—
4	色差计算	●	●	●	—
5	近红外亮度因数计算	●	●	●	—
6	可见光亮度对比计算	●	●	●	—
7	近红外亮度对比计算	●	●	●	—
8	绿色伪装涂料的彩红外特性	●	●	●	—
9	光泽度测量	●	●	●	—
10	雷达波反射率测量	—	—	—	●
11	红外发射率测量	—	○	●	—

① 由于本书引用国家现行标准《涂料粘度测定法》(GB/T 1723—1993)中的相关要求,为使相关名词表述一致,在本书中“粘度”同“黏度”。

表 3-1 （续）

序号	试验项目	伪装涂料类型			
		水性	溶剂型		
		光学	光学	热红外	雷达
12	附着力试验	●	●	●	●
13	柔韧性试验	●	●	●	●
14	粘度试验	●	●	●	●
15	细度试验	●	●	●	●
16	遮盖力试验	●	●	●	●
17	耐冲击性试验	●	●	●	●
18	铅笔硬度试验	●	●	●	—
19	耐盐水浸泡试验	●	●	●	●
20	耐水性试验	●	●	●	●
21	耐油性试验	●	●	●	●
22	耐酸性试验	●	●	●	—
23	耐碱性试验	●	●	●	—
24	耐湿热试验	●	●	●	●
25	耐盐雾性试验	●	●	●	●
26	耐霉菌试验	●	●	●	●
27	干燥时间试验	●	●	●	●
28	安全性试验	●	●	●	●
29	温度适应性试验	●	●	●	—
30	实验室加速老化试验	●	●	●	—
31	复合涂层兼容性试验	—	○	○	○
32	贮存试验	●	●	●	●
33	涂装作业适应性试验	●	●	●	●

注:●必须进行的试验项目;○选做的试验项目;—不进行的试验项目。

3.2 光学性能试验

伪装涂料的光学伪装性能试验主要是测量伪装涂料的光谱反射率、光泽度及涂料样品与标准色之间的差别。伪装涂料的颜色和光谱反射特性与其作战使用地域地物的颜色和光谱反射特性应一致,具体应符合《伪装涂料漆膜颜色》(GJB 798—1990)的相关规定;光泽度表述的是物体表面具有方向选择的反射性质,光泽高的物体表面会在特定方向上具有强的光反射,导致目标暴露伪装失败,一般要求应小于给定的指标值。

3.2.1 光谱反射率测量

伪装涂料在光学波段的光谱反射率是衡量其光学伪装性能的重要指标之一,通常采用紫外－可见光－近红外分光光度法测量伪装涂料在光学波段的光谱发射率。

在实验室中测量伪装涂料的光谱反射率，首先按照《色漆和清漆　标准试板》(GB/T 9271—2008)的规定和伪装涂料的设计使用要求制备测试样板。然后，根据伪装涂料设计和使用要求，在波长范围 300～2 500 nm 内选取部分或全部波段，按照波长间隔不大于 10 nm 的要求，使用分光光度计采用 2°视场，测量伪装涂料测试样板的光谱反射率，获得伪装涂料的光谱反射率曲线。光谱反射率曲线如图 3－1 所示，表现为不同伪装涂料具有不同的光谱反射特性。图 3－2 显示了绿色伪装涂料和绿色植被光谱反射特性的不同。

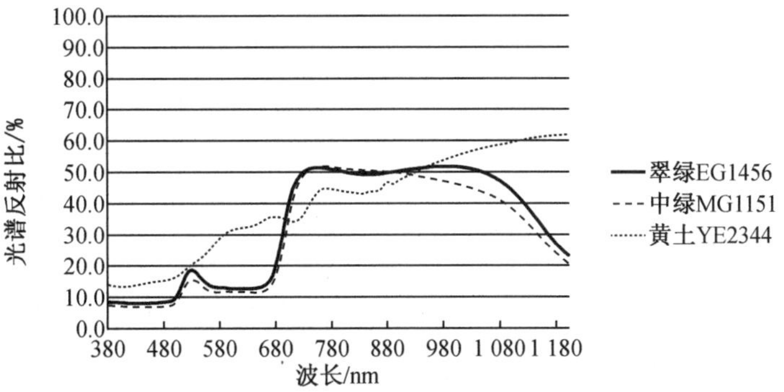

图 3－1　不同伪装涂料光谱反射率曲线

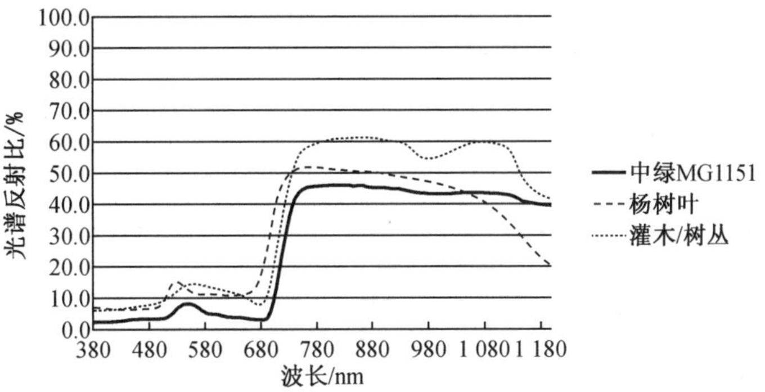

图 3－2　绿色伪装涂料与绿色植被光谱反射率曲线

3.2.2　三刺激值计算

采用 CIE1931 *XYZ* 标准色度学系统，按照公式(3－1)计算三刺激值 X、Y、Z。

$$\left.\begin{aligned} X &= k\sum_{\lambda=380}^{780} S(\lambda)x(\lambda)R(\lambda)\Delta\lambda \\ Y &= k\sum_{\lambda=380}^{780} S(\lambda)y(\lambda)R(\lambda)\Delta\lambda \\ Z &= k\sum_{\lambda=380}^{780} S(\lambda)z(\lambda)R(\lambda)\Delta\lambda \end{aligned}\right\} \tag{3-1}$$

式中　X、Y、Z——CIE1931 XYZ 标准色度学系统三刺激值；

k——归一化系数，且 $k=\dfrac{100}{\sum_{\lambda=380}^{780}S(\lambda)y(\lambda)\Delta\lambda}$；

$S(\lambda)$——CIE 标准照明体 D_{65} 的相对光谱功率分布；

$x(\lambda)$、$y(\lambda)$、$z(\lambda)$——CIE1931 标准色度观察者色匹配函数；

$R(\lambda)$——物体的光谱反射率；

$\Delta\lambda$——波长间隔（10 nm）；

λ——波长，范围为 380 ~ 780 nm。

加权系数 $S(\lambda)x(\lambda)$、$S(\lambda)y(\lambda)$、$S(\lambda)z(\lambda)$ 的值见表 3－2。

表 3－2　CIE 标准照明体 D_{65} 的相对光谱功率分布和 CIE1931 标准色度观察者色匹配函数的加权系数

（波长间隔 $\Delta\lambda=10$ nm）

波长 λ/nm	$S(\lambda)x(\lambda)$	$S(\lambda)y(\lambda)$	$S(\lambda)z(\lambda)$	波长 λ/nm	$S(\lambda)x(\lambda)$	$S(\lambda)y(\lambda)$	$S(\lambda)z(\lambda)$
380	0.007	0.000	0.031	590	8.613	6.353	0.009
390	0.022	0.001	0.104	600	9.047	5.374	0.007
400	0.112	0.003	0.532	610	8.500	4.265	0.003
410	0.377	0.010	1.795	620	7.090	3.162	0.002
420	1.188	0.035	5.708	630	5.063	2.088	0.000
430	2.329	0.095	11.365	640	3.547	1.386	0.000
440	3.456	0.228	17.335	650	2.147	0.810	0.000
450	3.722	0.421	19.621	660	1.252	0.463	0.000
460	3.242	0.669	18.608	670	0.681	0.249	0.000
470	2.124	0.989	13.994	680	0.347	0.126	0.000
480	1.049	1.525	8.918	690	0.150	0.054	0.000
490	0.329	2.142	4.790	700	0.077	0.028	0.000
500	0.051	3.342	2.814	710	0.041	0.015	0.000
510	0.095	5.131	1.614	720	0.017	0.006	0.000
520	0.628	7.040	0.776	730	0.009	0.003	0.000
530	1.686	8.784	0.430	740	0.005	0.001	0.000
540	2.869	9.425	0.201	750	0.002	0.001	0.000
550	4.267	9.797	0.086	760	0.001	0.000	0.000
560	5.625	9.415	0.037	770	0.001	0.000	0.000
570	6.947	8.678	0.019	780	0.000	0.000	0.000
580	8.305	7.886	0.015				

3.2.3　色品坐标计算

CIE1931 XYZ 标准色度学系统色品坐标 x、y、z 按公式(3－2)计算：

$$\left.\begin{aligned} x &= \frac{X}{X+Y+Z} \\ y &= \frac{Y}{X+Y+Z} \\ z &= \frac{Z}{X+Y+Z} = 1 - x - y \end{aligned}\right\} \tag{3-2}$$

式中　X、Y、Z——CIE1931 XYZ 标准色度学系统中的三刺激值。

3.2.4　色差计算

1. L^*、a^*、b^* 值的计算

均匀色空间和色差公式，根据 GB/T 7921—2008 中 CIE1976$L^*a^*b^*$ 均匀色空间的坐标值按公式(3－3)计算：

$$\begin{cases} L^* = 116(Y/Y_0)^{\frac{1}{3}} - 16Y/Y_0 > 0.01 \\ a^* = 500[(X/X_0)^{\frac{1}{3}} - (Y/Y_0)^{\frac{1}{3}}]X/X_0 > 0.01 \\ b^* = 200[(Y/Y_0)^{\frac{1}{3}} - (Z/Z_0)^{\frac{1}{3}}]Z/Z_0 > 0.01 \end{cases} \tag{3-3}$$

式中　L^*、a^*、b^*——三维直角坐标系统的坐标值；

X、Y、Z——CIE1931 XYZ 标准色度学系统中的三刺激值；

X_0、Y_0、Z_0——CIE1931 XYZ 标准色度学系统中，在 CIE 标准照明体 D_{65} 照射下，完全漫反射面的三刺激值。

2. 色差 ΔE_{ab}^* 的计算

CIE1976$L^*a^*b^*$ 色差 ΔE_{ab}^* 按公式(3－4)计算：

$$\Delta E_{ab}^* = [(\Delta L^*)^2 + (\Delta a^*)^2 + (\Delta b^*)^2]^{\frac{1}{2}} \tag{3-4}$$

式中　ΔL^*、Δa^*、Δb^*——伪装涂料试样漆膜色与其对应标准色坐标 L^*、a^*、b^* 之差。

3.2.5　近红外亮度因数计算

近红外亮度因数 β 按公式(3－5)计算：

$$\beta = \frac{\sum_{\lambda=750}^{1\,100} E(\lambda)\tau(\lambda)K(\lambda)R(\lambda)\Delta\lambda}{\sum_{\lambda=750}^{1\,100} E(\lambda)\tau(\lambda)K(\lambda)\Delta\lambda} \tag{3-5}$$

式中　$E(\lambda)$——大气层外太阳辐射的光谱辐照度；

$\tau(\lambda)$——标准大气从地面到大气层外界垂直方向光谱透过率；

$K(\lambda)$——传感器的光谱响应度；

$R(\lambda)$——物体的光谱反射率；

$\Delta\lambda$——波长间隔(10 nm)。

按 10 nm 间隔求和

$$\sum_{\lambda=750}^{1\,100} E(\lambda)\tau(\lambda) = 23.997\,9$$

加权系数值 $E(\lambda)\tau(\lambda)$ 见表 3－3。

表 3－3　近红外加权系数 $E(\lambda)\tau(\lambda)$

(波长间隔 $\Delta\lambda$ ＝10 nm)

波长 λ/nm	$E(\lambda)\tau(\lambda)$	波长 λ/nm	$E(\lambda)\tau(\lambda)$
750	0.990 1	930	0.483 6
760	0.362 0	940	0.334 9
770	0.941 7	950	0.375 0
780	0.939 6	960	0.429 2
790	0.918 8	970	0.609 1
800	0.900 8	980	0.608 9
810	0.847 0	990	0.638 1
820	0.799 2	1 000	0.638 3
830	0.811 4	1 010	0.622 6
840	0.816 2	1 020	0.613 5
850	0.818 0	1 030	0.600 9
860	0.803 1	1 040	0.588 0
870	0.789 0	1 050	0.575 2
880	0.772 8	1 060	0.563 0
890	0.742 9	1 070	0.549 0
900	0.656 4	1 080	0.536 7
910	0.648 8	1 090	0.525 7
920	0.647 6	1 100	0.500 8

3.2.6　可见光亮度对比计算

可见光亮度对比 K_V 按公式(3－6)计算：

$$K_V = \frac{|Y_s - Y_r|}{Y_r} \tag{3-6}$$

式中　Y_s——伪装涂料测试样板漆膜色在 XYZ 色度系统中的刺激值 Y；

Y_r——标准色在 XYZ 色度系统中的刺激值 Y。

3.2.7　近红外亮度对比计算

近红外亮度对比 K_N 按公式(3－7)计算：

$$K_N = \frac{|\beta_s - \beta_r|}{\beta_r} \tag{3-7}$$

式中 β_s——伪装涂料测试样板漆膜色的近红外亮度因数；

β_r——标准色的近红外亮度因数。

3.2.8 近红外和红光波段反射率比值

对模拟自然界典型绿色植被光谱反射特性的绿色伪装涂料，按公式（3－8）计算其漆膜在近红外（710～880 nm）和红光波段（620～660 nm）的平均光谱反射率比值 k。

近红外和红光波段反射率比值 k 计算公式为

$$k = \frac{R_{近红外}}{R_{红光}} \tag{3-8}$$

式中

$$R_{近红外} = \frac{1}{18}\sum_{\lambda=710}^{880} R(\lambda) \tag{3-9}$$

$$R_{红光} = \frac{1}{5}\sum_{\lambda=620}^{660} R(\lambda) \tag{3-10}$$

式中 λ——波长，nm；$\Delta\lambda$ 取 10 nm；

$R(\lambda)$——波长 λ 处的光谱反射因数。

3.2.9 光泽度测量

伪装涂料测试样板漆膜的镜面光泽参照《色漆和清漆不含金属颜料的色漆漆膜的 20°，60°和 85°镜面光泽的测定》（GB/T 9754—2007）规定进行，伪装涂料一般要求测定 60°镜面光泽。镜面光泽，是指对于规定的光源和接收角，从物体镜面方向反射的光通量与折光指数为 1.567 的玻璃镜面方向反射的光通量之比。

通常使用光泽度计进行伪装涂料测试样板漆膜的光泽度测量。光泽度计应有光源、透镜（使平行光束射向受试表面）和接收器机体（包含透镜、视场光阑和接收所需反射光锥的光电池）所组成。使用的工作参照标准（工作光泽板）可以是瓷砖、搪瓷、不透明玻璃、抛光黑玻璃或具有均匀光泽的其他材料，应有良好的平整度，并且已经对照原始参照标准在给定区域范围和给定光照方向进行过校准。工作参照标准应该均匀、稳定，并由计量部门校核过。具有各种几何条件的光泽度计应至少配备两块工作参照标准，一块为高光泽度板，另一块为中或低光泽度板。

在每个操作周期的开始和测量操作过程中要以足够的间隔来校准仪器，以保证仪器灵敏度基本上是恒定的。光泽度计校准后，在漆膜表面进行测量，取 6 个读数（在两个成直角的每一个方向各取 3 个），如果极大值和极小值之间的偏差小于平均值的 20%，则记录这些值和计算平均值。否则，数据无效。

3.3 热红外性能试验

伪装涂料的热红外伪装性能试验主要是红外光谱发射率测量(3 ~ 5 μm、8 ~ 14 μm),在《材料和涂层反射率和发射率测试方法　第 2 部分:发射率》(GJB 5023.2—2003)中给出的光谱发射率定义为:一个辐射源的光谱辐射出射度与具有同一温度的黑体辐射源的光谱辐射出射度之比。

3.3.1 测量原理

实际环境中,任何物体向空间发射出的能量均可表达为两部分,一部分是物体的自身辐射,另一部分是物体表面反射外部环境的辐射。因此,对于温度为 T、光谱发射率为 $\varepsilon_\lambda(T)$ 的不透明物体表面,处于温度为 T_e 的环境中时,其表面的等效黑体光谱辐射亮度为

$$L_\lambda(T)=\varepsilon_\lambda(T)L_\lambda^0(T)+\rho_\lambda(T)L_\lambda^e(T_e) \tag{3-11}$$

式中　$L_\lambda(T)$——温度为 T 时,实际物体表面的光谱辐射亮度;

$\varepsilon_\lambda(T)$——温度为 T 时,实际物体表面的光谱发射率;

$L_\lambda^0(T)$——温度为 T 时,黑体的光谱辐射亮度;

$L_\lambda^e(T_e)$——温度为 T_e 的环境辐射对该物体表面产生的光谱辐射亮度;

$\rho_\lambda(T)$——温度为 T 时,实际物体表面的光谱反射率。

对于不透明物体,$\rho_\lambda(T)=1-\varepsilon_\lambda(T)$,因此,可得到:

$$L_\lambda(T)=\varepsilon_\lambda(T)L_\lambda^0(T)+(1-\varepsilon_\lambda(T))L_\lambda^e(T_e) \tag{3-12}$$

采用光谱辐射计测量处于同一温度的被测样品表面、参考黑体、低发射率参考体表面光谱辐射亮度。为了测量实际物体温度为 T 时的表面光谱发射率,需要建立一个测量装置,使实际物体(被测样品)、参考黑体、低发射率参考体具有相同的温度 T,并且处于温度为 T_e 的环境中,此时参考黑体表面光谱辐射发射率为 $\varepsilon_b(T)$、光谱辐射亮度为

$$L_b(T)=\varepsilon_b(T)L_\lambda^0(T)+(1-\varepsilon_b(T))L_\lambda^e(T_e) \tag{3-13}$$

式中　$L_b(T)$——温度为 T 时,参考黑体的光谱辐射亮度;

$\varepsilon_b(T)$——温度为 T 时,参考黑体的光谱发射率。

低发射率参考体表面光谱辐射发射率为 $\varepsilon_r(T)$、光谱辐射亮度为

$$L_r(T)=\varepsilon_r(T)L_\lambda^0(T)+(1-\varepsilon_r(T))L_\lambda^e(T_e) \tag{3-14}$$

式中　$L_r(T)$——温度为 T 时,低发射率参考体的光谱辐射亮度。

$\varepsilon_r(T)$——温度为 T 时,低发射率参考体的光谱发射率;

被测物体表面光谱发射率为

$$\varepsilon_\lambda(T)=\frac{L_\lambda(T)-L_r(T)}{L_b(T)-L_r(T)}(\varepsilon_b(T)-\varepsilon_r(T))+\varepsilon_r(T) \tag{3-15}$$

3.3.2 测量系统

采用光谱辐射计测量伪装涂料的光谱发射率,需将伪装涂料涂装在金属板上,做成伪

装涂层不大于 0.2 mm 的被测样品板，通过测量被测样品的光谱发射率得到伪装涂料的光谱发射率。光谱辐射计与加热器（冷却器）、真空冷环境、控制测量单元等组成测量系统，如图 3－3 所示。

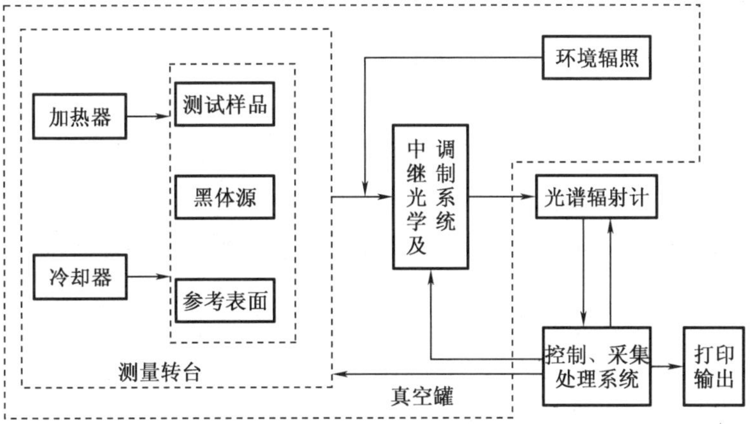

图 3－3　光谱发射率测量系统

加热器（冷却器）具有较大热惯量，并能设定温度，对被测样品、参考黑体、低发射率参考辐射体进行加热（冷却），并使三者具有相同温度；真空冷环境，提供真空环境，其真空度小于 1 Pa，提供一个温度稳定的辐射环境，温度低于 90 K；控制测量单元，控制加热器和热沉的温度及被测样品的角度。

3.3.3　测量方法

用光谱辐射计测量处于同一温度的伪装涂料样品板表面、参考黑体、低发射率参考体表面光谱辐射亮度，即

$L_\lambda(T)$——温度为 T 时，伪装涂料样品板表面的光谱辐射亮度；

$L_b(T)$——温度为 T 时，参考黑体的光谱辐射亮度；

$L_r(T)$——温度为 T 时，低发射率参考体的光谱辐射亮度。

根据公式（3－15）可计算得到伪装涂料样品板表面的光谱发射率 $\varepsilon_\lambda(T)$。其中参考黑体的光谱发射率 $\varepsilon_b(T)$、低发射率参考体的光谱发射率 $\varepsilon_r(T)$ 是已经确定的可溯源的已知物理量。

3.4　雷达性能试验

现阶段伪装涂料的雷达性能指标要求包括反射率和吸收率，因此，伪装涂料的雷达性能试验主要是测量这两个参数。由于直接测量伪装涂料的雷达波吸收率有一定难度，因此以测量反射率为主。

3.4.1 测量原理

在《雷达吸波材料反射率测试方法》(GJB 2038A—2011)中给出了雷达吸波材料(RAM)反射率的定义:在给定波长和极化的条件下,电磁波从同一方向,分别以同一功率密度入射到 RAM 和同尺寸良导体平面上,两者镜面方向反射功率的比值。

依据雷达波入射角的不同,测量 RAM 反射率分为垂直入射反射率和斜入射反射率。垂直入射反射率一般采用金属平板作为基准板进行测试;斜入射反射率可采用金属平板或两面角反射器作为基准进行测试,如采用金属平板作为基准板,则需采用双站 RCS 测试系统或弓形法测试系统进行测试。如采用两面角反射器作为基准,则需采用单站 RCS 测试系统进行测试,适用的斜入射角度范围为 20°~70°。伪装涂料试验鉴定工作中一般测量垂直入射反射率。

采用远场 RCS 测试系统测量平板型 RAM 的反射率,利用定标体对系统进行定标后,分别测量平板型 RAM 样板的反射功率 P_a 和同尺寸良导体金属标准板的反射功率 P_m,按式(3-16)计算得到平板型 RAM 的反射率。

$$R = 10\lg \frac{P_a}{P_m} \tag{3-16}$$

式中 R——平板型 RAM 的反射率;

P_m——同尺寸良导体金属平板的反射功率,mW;

P_a——平板型 RAM 样板的反射功率,mW。

3.4.2 测量仪器

在《雷达吸波材料反射率测试方法》(GJB 2038A—2011)中明确的 RAM 反射率远场 RCS 法测试系统(图 3-4),主要由紧缩场(或喇叭收发天线)、矢量网络分析仪(或幅相接收机)、信号收发设备、计算机、目标支架及转台、转台驱动控制器和激光定位对准装置组成。

1. 测试系统的性能指标要求

(1)频率范围:0.5 GHz~100 GHz;

(2)频率稳定度:优于 $1\times10^{-9}\,d^{-1}$;

(3)工作方式:扫频;

(4)极化组合:水平极化、垂直极化;

(5)动态范围:不小于 60 dB;

(6)系统非线性度:不大于 0.2 dB;

(7)系统测量能力:幅相测量;

(8)系统选通能力:可进行时域选通;

(9)系统背景等效反射率:不大于 -60 dB(频率不大于 40 GHz 时);不大于 -50 dB(频率大于 40 GHz 时);

(10)样板定位对准误差:不大于0.05°。

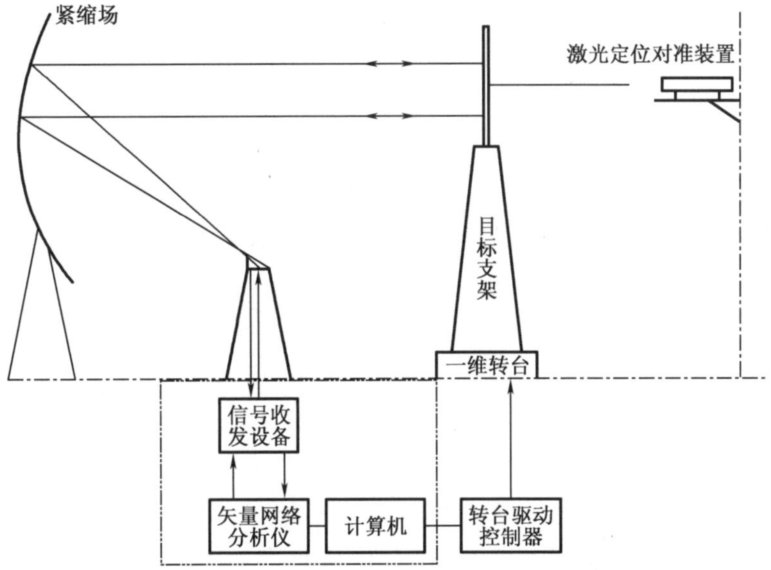

图3-4　RAM反射率远场RCS法测试系统

2. 进行反射率测试时的环境要求

(1)测试系统高频设备应在电磁屏蔽间使用,屏蔽度大于80 dB。

(2)微波暗室的环境温度为23 ℃ ±10 ℃;屏蔽间的环境温度为23 ℃ ±3 ℃,测试过程中温度变化小于 ±1 ℃;环境相对湿度小于80%。

(3)被测样品放置在天线的远场区域,在使用喇叭天线收发情况下,最小远场测试距离按式(3-17)计算。

$$D = \frac{2L^2}{\lambda} \tag{3-17}$$

式中　D——天线口面到材料板反射点的最小距离,m;

L——样品边长与喇叭天线口面边长的较大者,m;

λ——工作波长,m。

3.4.3　标准板

测量伪装涂料反射率所需的金属标准板一般为正方形,边长的最大范围为1~20个波长,推荐标准板的边长处于3~15个波长范围内。依据测试频率范围的不同,可以分段选取,推荐尺寸为:

(1)600 mm×600 mm×10 mm,尺寸公差为 ±0.2 mm,适用频率范围为0.5 GHz~6 GHz;

(2)500 mm×500 mm×10 mm,尺寸公差为 ±0.2 mm,适用频率范围为1 GHz~8 GHz;

(3)300 mm×300 mm×5 mm,尺寸公差为 ±0.1 mm,适用频率范围为2 GHz~18 GHz;

(4)180 mm × 180 mm × 4 mm，尺寸公差为 ±0.05 mm，适用频率范围为 6 GHz～40 GHz；

(5)60 mm × 60 mm × 3 mm，尺寸公差为 ±0.02 mm，适用频率范围为 40 GHz～100 GHz。

标准板的加工制作要求如下：

(1)表面粗糙度不大于 6.4 μm；

(2)表面平面度不大于 0.10 mm；

(3)两表面平行度不大于 0.15 mm；

(4)板侧面相互垂直，板侧面与板面垂直，其垂直度不大于 0.2 mm；

(5)标准板材料的电导率不小于 1.0×10^7 S/m。

3.4.4 测量方法

将伪装涂料涂装在标准板上，制成平板型 RAM 样板，待测。测试系统开机预热后，设定测试系统测量参数，首先测量样板支架的背景反射功率，再将测量标准板置于样板支架上，使标准板温度保持在测试温度，测量标准板反射功率。用待测 RAM 样板取代标准板，使待测 RAM 样板温度保持在测试温度，测量待测 RAM 反射功率；按公式(3－16)得到 RAM 样板的反射率即为伪装涂料的反射率。

3.5 其他性能试验

伪装涂料是特殊的涂料，除专业要求的伪装性能外，还应具备涂料通用性能，包括物理机械性能、化学性能和耐候性能等。对应的物理机械性能试验主要包括附着力试验、柔韧性试验、粘度试验、细度试验、遮盖力试验、耐冲击性试验、硬度试验、干燥时间(表干和实干)试验等；化学性能试验主要包括耐盐水性试验、耐水性试验、耐油性试验、耐酸性试验、耐碱性试验、耐霉菌试验等；耐候性能试验主要包括耐湿热试验、耐盐雾性试验、温度适应性试验(耐高温性试验、耐低温性试验)、耐日晒耐光照试验(实验室加速老化试验)等。

3.5.1 物理机械性能试验

1. 附着力试验

伪装涂料附着力是指漆膜与被附着物体表面通过物理和化学力作用在一起的坚牢程度，是考核其物理机械性能的重要指标之一，附着力的好坏程度关系到伪装涂料涂层的质量。附着力试验应根据漆膜厚度分别按照以下方法进行：漆膜厚度不大于 250 μm 的按《色漆和清漆漆膜的划格试验》(GB/T 9286—1998)的规定进行，该方法根据样板底材及漆膜厚度用不同间距的划格刀具对漆膜进行格阵图形切割，使其恰好穿透至底材，按照漆膜从划格区域底材上脱落的面积进行判断附着力级别；漆膜厚度大于 250 μm 的按《色漆和清漆拉开法附着力试验》(GB/T 5210—2006)的规定进行，该方法通常是在规定的速度下、在试样的胶结面上施加垂直均匀的拉力，再测定涂层之间或涂层与底材之间附着破坏时所需要的力。

2. 柔韧性试验

漆膜柔韧性是指将漆膜经过一定幅度的弯曲后，不发生破裂的性能。伪装涂料的柔韧性试验按《漆膜、腻子膜柔韧性测定法》（GB/T 1731—2020）的规定进行，通过将漆膜连同底材一起受力变形，检查其破裂伸长情况，其中也包括漆膜与底材的界面作用。

3. 粘度试验

粘度是液体对于流动所具有的内部阻力，伪装涂料粘度是涂料性能中的一个重要指标，对于其储存稳定性，施工性能和成膜性能均有很大影响。伪装涂料的粘度试验按《涂料粘度测定法》（GB/T 1723—1993）的规定乙法：涂－4 粘度计法进行。采用流出型粘度计，利用试样本身重力产生流动，通常以一定量的试样在一定温度下从粘度杯流出的时间来表示，单位为秒。根据其操作原理，将试样流出时间（秒）通过特性曲线换算成运动粘度值厘斯（mm^2/s）。

4. 细度试验

涂料的细度是指颜料、填充料在涂料中分散程度的量度，对漆膜颜色、光泽、耐久性、储存稳定性和平整、光滑程度等均有很大影响。伪装涂料的细度试验按《色漆、清漆和印刷油墨　研磨细度的测定》（GB/T 1724—2019）规定的刮板细度计法开展，对光观察刮板细度计沟槽中试样颗粒均匀显露处，记下读数（精确到最小分度值），在标准细度计上得到的读数表示细度计某处凹槽的深度，一般以 μm 表示。

5. 遮盖力试验

涂料的遮盖力是指将有色不透明的涂料均匀涂在物体表面，遮盖被涂物表面底色的能力，遮盖力优，可节省涂料用量或者涂装更多的面积。伪装涂料的遮盖力试验按《涂料遮盖力测定法》（GB/T 1726—1979）的规定进行，采用目视法，将色漆均匀涂布在物体表面上，使其底色不再呈现的最小用漆量，用 g/m^2 表示。

6. 耐冲击性试验

涂膜耐冲击性是指在重锤冲击下发生快速变形而不出现开裂或者从金属板材上脱落的能力。耐冲性试验按《漆膜耐冲击测定法》（GB/T 1732—2020）的规定进行，以固定质量的重锤落于试板上而不引起涂膜破坏的最大高度（cm）来表示。

7. 硬度试验

漆膜硬度是指漆膜对于外来物体侵入表面时所具有的阻力，伪装涂料的硬度是其物理机械强度的重要性能之一。伪装涂料的铅笔硬度试验按《色漆和清漆铅笔法测定漆膜硬度》(GB/T 6739—2006)的规定进行,将伪装涂料均匀施涂于表面结构一致的平板上,漆膜干燥/固化后,将样板放置在水平位置上,通过在漆膜上推动硬度逐渐增加的铅笔来测定铅笔硬度。

8. 干燥时间试验

干燥时间是指在规定的温度和湿度条件下,某一厚度的液态涂膜到形成固态涂膜所需要的时间,通常是由涂料成分及环境条件决定的。通常,表干时间试验按《漆膜、腻子膜干燥时间测定法》(GB/T 1728—2020)中乙法的规定进行,以手指轻触漆膜表面,如感到有些发黏,但无漆沾在手上,即认为表面干燥;实干时间试验按 GB/T 1728—2020 中甲法-压滤纸法的规定进行。

3.5.2 化学性能试验方法

涂覆伪装涂料装备均要在大气环境中使用,受到空气中水分及其他各种化学成分的侵蚀,因此漆膜的耐化学腐蚀能力是重要指标。对于伪装涂料来说,由接触化学介质而引起破坏的抵抗能力试验主要包括耐盐水性试验、耐水性试验、耐油性试验、耐酸性试验、耐碱性试验等;由大气环境中物质引起破坏的抵抗能力试验主要包括耐霉菌试验等。

1. 耐盐水性试验

耐盐水性是指涂膜对盐水侵蚀的抵抗能力,测定时将漆膜浸入规定的介质中,观察其侵蚀程度。伪装涂料的耐盐水浸泡性试验按《色漆和清漆耐液体介质的测定》(GB/T 9274—1988)中 5 甲法的规定进行。

2. 耐水性试验

耐水性是指漆膜对水作用的抵抗能力。漆膜耐水性的好与坏,直接影响到漆膜的使用寿命。伪装涂料的耐水性试验按《漆膜耐水性测定法》(GB/T 1733—1993)规定的甲法浸水试验法进行,将涂漆样板的 2/3 面积浸泡在蒸馏水中,达到规定的时间后取出,检查漆膜是否有起泡、失光、变色、脱落等破坏现象。

3. 耐油性试验

耐油性是指涂膜对油侵蚀的抵抗能力,测定时将漆膜浸入规定的介质中,观察其侵蚀程度。伪装涂料的耐油性试验按 GB/T 9274—1988 中 5 甲法(浸泡法)的规定进行。

4. 耐酸性试验

耐酸性是指涂膜对酸侵蚀的抵抗能力,测定时将漆膜浸入规定的介质中,观察其侵蚀程度。伪装涂料的耐酸性试验按 GB/T 9274—1988 中 5 甲法(浸泡法)的规定进行。

5. 耐碱性试验

耐碱性是指涂膜对碱侵蚀的抵抗能力，测定时将漆膜浸入规定的介质中，观察其侵蚀程度。伪装涂料的耐碱性试验按 GB/T 9274—1988 中 5 甲法（浸泡法）的规定进行。

6. 耐霉菌试验

耐霉菌性是指涂膜对霉菌侵蚀的抵抗能力。伪装涂料的耐霉菌性试验按《漆膜耐霉菌性测定法》（GB/T 1741—2007）的规定进行，试验模拟自然界霉菌生长的环境条件，按照霉菌生长的生理特点设计加速试验，在试样表面接种霉菌孢子，再将试样放置在适合霉菌生长的环境条件下培养，观察霉菌的生长情况，并根据长霉程度对漆膜的耐霉菌性评级。

3.5.3　耐候性能试验方法

伪装涂料的耐候性能试验主要包括耐湿热试验、耐盐雾性试验、温度适应性试验和实验室加速老化试验等。

1. 耐湿热试验

漆膜的耐湿热性是指漆膜对自然高温高湿环境的抵抗能力。漆膜的耐湿热试验是一种常见的耐腐蚀性试验。伪装涂料的耐湿热试验按《漆膜耐湿热测定法》（GB/T 1740—2007）的规定进行，在实验室中模拟自然界高温高湿的环境考核漆膜的耐湿热腐蚀性能，并通过试验期间和结束后对样板的观察来对漆膜的耐湿热性能进行评定。

2. 耐盐雾性试验

耐盐雾主要是指涂膜抵抗盐雾侵蚀的能力，盐雾中的氯化物，如氯化钠、氯化镁，在很低的温度条件下具有迅速吸潮的能力。伪装涂料的耐盐雾性试验按《色漆和清漆　耐中性盐雾性能的测定》（GB/T 1771—2007）的规定进行，测定原理是将涂过漆的样板曝露于中性盐雾中，评定盐雾曝露的结果。

3. 温度适应性试验

温度适应性是指漆膜经受冷热交替的温度变化而保持其原性能的能力。一般情况下，伪装涂料的温度适应性试验按《各色汽车用面漆》（GB/T 13492—1992）中 5.12 的规定进行，制备好漆膜后，放入 90 ℃ ±2 ℃恒温箱中 240 h，取出室温下放置 0.5 h 后，放入 −40 ℃ ±2 ℃低温箱中 24 h，再取出于室温下放置 0.5 h 后测试 2 mm 划格试验。

4. 实验室加速老化试验

漆膜抵抗阳光、雨、露、风、霜等气候条件的破坏作用（失光、变色、粉化、龟裂、长霉、脱落及底材腐蚀等）而保持原性能的能力称之为漆膜的耐候性。在实验室内，用经滤光器滤光的氙弧灯对涂层进行人工气候老化或人工辐射暴露，观察涂层在实验室内试验所发生的老化过程，并将经暴露涂层在实际应用时最重要的性能与其未暴露的（对比试样）相比较，或者与同时在暴露设备中试验的其老化状态是已知的暴露涂层（参照试样）进行比较。伪装涂料的实验室加速老化试验按《色漆和清漆人工气候老化和人工辐射曝露滤过的氙弧辐射》（GB/T 1865—2009）规定的人工气候加速老化试验方法进行，按《色漆和清漆涂层老化的评级方法》（GB/T 1766—2008）中5.2的规定评定等级。

3.5.4 安全性试验

安全性试验内容和方法包括挥发性有机物含量的测定和闪点试验。

1. 挥发性有机物含量的测定

在色漆和清漆的有关标准中，对挥发性有机化合物（VOC）的定义是指在一般压力条件下，沸点（或初馏点）低于或等于250 ℃且参加气相光化学反应的有机化合物。不参加气相光化学反应的叫免除化合物。伪装涂料的挥发性有机化合物含量测试按《色漆和清漆　挥发性有机化合物（VOC）含量的测定　差值法》的（GB/T 23985—2009）规定进行，准备好样品，先按《色漆、清漆和塑料　不挥发物含量的测定》（GB/T 1725—2007）测定不挥发物的含量，再按照《化工产品中水分含量的测定　卡尔·费休法（通用方法）》（GB/T 6283—2008）采用卡尔·费休试剂滴定法测定水分含量。结果的计算按GB/T 23985—2009中8.4的规定进行。

2. 闪点试验

在规定的条件下，用规定的方法测试，利用测试火焰能使试验样品的蒸气瞬间点燃，且火焰蔓延到整个液体表面，并被校正至101.3 kPa大气压下的试验样品的最低温度。伪装涂料的闪点试验按《闪点的测定　快速平衡闭杯法》（GB/T 5208—2008）的规定进行，将规定体积的试验样品注入保持在受试材料预计闪点温度下的试验杯中，经过规定的时间后，点火并观察有无闪燃出现，在不同的温度点用新取的试样继续试验，直到测出闪点并达到规定的灵敏度。

3.5.5 涂刷性能试验方法

伪装涂料的涂刷性能试验主要包括复合涂层兼容性、贮存稳定性、涂装作业适应性等。

1. 复合涂层兼容性试验

目视检查伪装涂料在涂装和使用过程中，复合涂层之间有无咬底、渗色等现象，再对复合涂层进行附着力试验。

2. 贮存试验

如无特殊要求，按照《伪装涂料通用要求》（GJB 7928—2012）中5.6.3.1规定的条件和

5.6.3.2 规定的期限进行贮存，贮存期满后，应进行 3.2 ~ 3.5（除 3.5.5 外）中所有项目的检验。

3. 涂装作业适应性试验

涂装作业适应性试验一般包括：①按使用维护说明书中规定的条件和方法进行刷涂或喷涂；②按 GJB 7928—2012 中 5.4b）的要求，检查经表面处理干燥后，伪装涂料形成的涂层表面应均匀平滑，无流挂、浮色、缩孔等缺陷，无明显的刷痕或条纹。③采用调查评价法对涂装作业的方便性和适应性进行评价；④受调查的作业手不少于 5 组，并采用直接取平均分的统计方法进行评价。

第4章　假目标试验鉴定技术

4.1　假目标性能试验概述

4.1.1　假目标种类与特点

在国军标《伪装术语》中,假目标的定义为:模拟真目标暴露征候的人造物体。如假人、假兵器、假车辆、假工事及红外、闪光、音响模拟装置等。按对象分为装备假目标、工程假目标;按结构形式分为装配式假目标、充气式假目标、快速膨胀型假目标、泡沫塑料假目标等;按示假波段分为光学假目标、红外假目标、激光假目标、雷达假目标或音响、烟尘、闪光模拟器等。光学假目标是模拟真目标光学暴露征候的模型或装置;红外假目标是能够模拟真目标红外辐射特性的装置或设备;激光假目标是能够模拟真目标激光反射特征的装置或设备;雷达假目标是能够模拟真目标雷达回波特征的装置或设备;音响模拟器是用以模拟目标运动、工作状态时产生音响暴露征候的装置或设备;烟尘模拟器是用以模拟目标运动、工作状态或被击中时产生烟尘特征的装置或设备;闪光模拟器是用以模拟武器装备射击或被击中时产生闪光特征的装置或设备。

假目标作为实施战场伪装的一种主要示假装备,在战争中的作用越来越大。它能使敌人认假为真,迷惑敌方侦察,隐蔽战场企图,分散敌方注意力;诱骗敌方武器攻击,分散敌方火力,从而提高真目标的生存概率。

假目标可分为就便和制式两种类型。典型的假目标有假汽车、假坦克、假工事等。按照假目标使用方法和功能的不同,可分为装备和人员模型、假工程设施、假方位物和模拟声、光、热、雷达特性的装置等。

1. 装备和人员模型

按照制作和设置的方式,装备和人员模型可分为制式模型和就便材料模型两种。就便材料模型用木材、金属、秸秆、泥土等现地可用材料临时制作。

2. 假工程设施

假工程设施主要有假工事、假机场、假仓库、假指挥所等。

假工事分野战型和永备型。假野战工事包括假交通壕、假暗堡、假观察哨所等,主要用于野战阵地示假。假永备工事一般用于战略目标示假,在平时构建和设置,构筑时机和施工周期与真目标相符,平时做好维护并制造不间断实际使用的假象。

3. 假方位物

假方位物主要用于重要军事目标示假地域,迷惑诱骗敌人对真目标方位的判定。一般独立的树或小树林、桥梁、交通路口、孤立的建筑物,以及港湾、湖泊和明显的农田等可作为侦察定位的方位物,也是假方位物主要的模拟对象。

4. 声光模拟

模拟真目标的声响和闪光,可迷惑敌方的声振侦察,增强夜间示假效果,进一步提高假目标设置的逼真度。

声光模拟的方法有:利用音响设备播放事先录制的活动目标声响;用炸药保障模拟火炮射击效果;用工程机械声模拟架桥、修路等施工效果;用灯光或篝火模拟夜间部队的活动,制造部队行动或停驻的假象。

5. 热、雷达特性模拟

通过用与真目标具有相近热惯量的材料制作假目标或对假目标加装热源,可实现真目标热红外特性的模拟,有效欺骗红外侦察。热红外特性模拟的关键是模拟真目标的温度分布,主要由热源与假目标所用材料的热惯量特性决定。材料的热惯量与材料的比热、密度、导热系数等有关,制作假目标的表面材料与真目标具有相近的热惯量,是保证全天候模拟真目标红外辐射特性的关键技术之一。加装可控热源,灵活模拟不同的热特性,充分模拟真目标温度分布变化规律,可进一步提高红外示假效果。

对于高分辨率成像雷达,则须采用金属表面化的材料制作假目标,这类假目标具有与真目标相同的外形,具有逼真的可见光示假效果,又能反射与真目标相似的雷达特性,其雷达图像具有与真目标相似的纹理、形状及亮度分布。

4.1.2　制式假目标

随着侦察设备分辨能力的不断提高,以及精确制导武器在战场上的大量使用,对假目标的示假性能要求越来越高。经严格定型程序研发、生产制作而后列装部队的制式假目标成为战场示假的主体。制式假目标根据制作材料和结构类型的不同,可分为充气式、骨架蒙皮式、压缩膨胀式、聚氨酯发泡成形式和装配组合式等。

1. 充气式假目标

充气式假目标由塑料、尼龙橡胶布或橡胶薄膜制作成模,由空气压缩机一次充气成型,也可分为不同的组件分别充气组合构成,具有逼真度高、质量轻、体积小、便于贮存和运输携行、架设撤收速度快等特点。充气式假目标适用于模拟地面武器装备、野战帐篷等中小目标,具有与真目标相似的外形和颜色,能有效模拟真目标雷达反射特性和红外辐射特性,可欺骗光学、红外和雷达探测。

2. 骨架蒙皮式假目标

骨架蒙皮式假目标由金属、玻璃钢、塑料、树脂或碳纤维骨架以及织物或橡胶蒙皮组成,具有造型逼真、便于携带、架设快速等特点,主要适用于建筑物、武器装备等大中型目标示假,在配备热特征模拟器时可模拟真目标的红外辐射特性,在局部被击中损坏的情况下,仍能利用部分组件有效示假。

3. 压缩膨胀式假目标

这种假目标是美国 20 世纪 70 年代研制并装备部队的一种假目标,它的最大特点是采用柔性聚氨酯泡沫塑料模塑成形,运输和贮存时可压缩体积到展开时体积的 1/10。

4. 聚氨酯发泡成形式假目标

该类假目标可在常温下利用模具和聚氨酯发泡材料现场浇注成形,可在假目标设置点现场制作。制作假目标的聚氨酯材料、模具和作业机具装在专用的作业车上,具有良好的伴随机动能力,需要时可开赴现场即时制作和设置。

5. 装配组合式假目标

这种假目标根据模拟对象特征,如坦克、火炮、汽车等,按示假要求以具有一定硬度的材料制成壳体和杆件,形成通用和专用组件,由专用运输车贮存和运输,架设时可由作业车保障。此类假目标表面材料经金属化处理,在内部加装热源,通过通用和专用组件的组合装配成形,合理解决了真目标可见光、热红外和雷达特性一体化融合模拟问题,从而具有同时对抗光学、红外和雷达侦察的示假效果。

4.1.3 假目标的作用和使用要求

“明修栈道,暗度陈仓”诠释了示假伪装是战争谋略的重要组成部分,“草船借箭”更具体说明了假目标设置在战争中的重要作用。1999 年的科索沃战争中,南联盟采取了示假和隐真两种手段相结合,以示假为主的办法,欺骗和迷惑敌人。南联盟针对北约的侦察手段识别真假目标能力不足的弱点,广泛设置假目标,构筑假阵地,欺骗和迷惑敌人,造成北约目标识别的失误,吸引了相当数量北约飞机实施“误炸”。南军采用制式器材和就便器材相结合的方法,利用军用或民用废旧器材,按与真目标(1 ~5):1的比例,设计制作了大量的假飞机、假导弹、假火炮和假雷达等,其颜色、外形、红外辐射和雷达反射等特性与真目标相似。用制式假目标设置假阵地,利用其与真目标相似的外形,欺骗敌光学侦察;大量设置角反射器,折叠起来的波纹钢,包有金属薄膜的塑料桶,投放箔条、银化尼龙丝、铝化玻璃等能反射雷达波的干扰物,欺骗敌雷达侦察;在藏于树林中的防空武器和坦克等重要目标附近,放置原油灯、燃烧汽车轮胎,欺骗敌红外侦察和红外制导系统;以车顶涂白和军民车辆混行的方法,欺骗卫星侦察。对设置的这些假目标,还进行了适度的伪装,使其具备了真目标的活动特征。战术上,南军采取真假目标混合配置的办法,在暴露阵地上通常设置假目标和废旧兵器，真假目标保持一定的距离，对假目标与真目标采用相似的伪装标准，从而有效欺骗和迷惑了敌人。据南军报道，假目标效果明显，吸引了80%的北约火力，击中的目标中，有30%以上是假目标。

战争实例证明科学制作和正确运用假目标，才能获得预期的伪装效果。对于各种假目标，在作战运用时要满足以下基本要求。

(1)配置合理

假目标的配置要符合战术和技术要求，包括假目标类型、选择地域、配置数量与距离等，并与真目标有一定的安全距离。

(2)外观逼真

假目标的主要特性，如形状、颜色、尺寸大小和大于侦察分辨力的细部应尽可能与真目标相近。对于红外及雷达假目标，则要求其红外辐射特征和雷达散射特征与真目标相近。

(3)架设撤收便捷

假目标便于快速设置和撤收，对于经常更换位置的假目标，应尽可能做到质量轻、强度高，便于搬运或牵引移动。

(4)实施不完善伪装

对假目标施以不完善的伪装有利于掩盖假目标的制作缺陷，或减少作业量，确保示假效果。

(5)隐蔽作业

制作和设置假目标要隐蔽地进行，如控制作业区人员往来，消除作业痕迹等。

(6)仿造活动征候

有计划地仿造真目标特有的活动征候。如仿造对空防御设施，射击时闪光、声响，电台的工作，人员、车辆的活动，遭到敌人袭击时所呈现的景象等。

4.1.4　假目标技术指标

1. 光学示假性能技术指标

假目标光学示假性能技术指标包括几何尺寸、相对误差、表面最小模拟尺寸、表面颜色。假目标的外貌要逼真，其形状、颜色、平面尺寸和大于可分辨尺寸的细部应按照真目标尽可能仿制出来。

2. 雷达示假性能技术指标

假目标的雷达示假性能指标包括雷达散射截面差值以及假目标所用材料的雷达波反射率。在假目标外形与真目标相似的情况下，影响假目标雷达示假性能的因素主要为假目标所用材料的电磁散射特性。

3. 中、远红外示假性能技术指标

假目标红外示假性能技术指标主要为真、假目标热红外图像的相似程度。红外假目标的技术关键是模拟真目标的温度分布。影响物体温度分布的因素可分为外部因素和内部

因素。外部因素主要来自太阳的直接辐射和散射辐射。真目标和假目标同处于太阳光照射之下,其加热条件及辐射相互作用条件完全相同。内部因素主要有两个方面:一是物体本身的热源影响;二是物体的热惯性影响。因此作为假目标需要解决的问题是模拟真目标的热源分布特征以及材料的热特性。

4.1.5 假目标性能试验

假目标性能试验按照试验性质和目的分为性能验证试验和性能鉴定试验两类,但从试验内容上讲,这两类试验基本一致。按照试验内容,可分为基本性能试验和通用质量特性试验。

基本性能试验主要包括外观质量和结构检查、体积和质量参数测量、示假性能试验、辅助系统性能试验(电气系统性能试验、作业装置性能试验)、其他性能试验(人—机—环境试验、电磁兼容性试验)等内容。根据假目标类型不同性能试验的具体内容略有差别。示假性能试验是假目标试验鉴定的核心内容,主要包括光学示假性能试验、红外示假性能试验和雷达示假性能试验。

通用质量特性试验主要包括可靠性试验、维修性试验、保障性试验、测试性试验、安全性试验、环境适应性试验(实验室环境试验、地区适应性试验)。试验项目详见表 4 –1。

表 4 –1　假目标试验项目

<table>
<tr><th>序号</th><th colspan="4">试验项目</th></tr>
<tr><td>1</td><td rowspan="18">基本性能试验</td><td colspan="3">外观质量与结构检查</td></tr>
<tr><td>2</td><td colspan="3">体积、质量测量</td></tr>
<tr><td>3</td><td rowspan="12">示假性能试验</td><td rowspan="4">光学示假性能试验</td><td>光学参数对比试验</td></tr>
<tr><td>4</td><td>几何尺寸测量试验</td></tr>
<tr><td>5</td><td>航空照相判读试验</td></tr>
<tr><td>6</td><td>地面观察试验</td></tr>
<tr><td>7</td><td rowspan="3">热红外示假性能试验</td><td>真假目标表面温差对比试验</td></tr>
<tr><td>8</td><td>防空中红外成像侦察判读试验</td></tr>
<tr><td>9</td><td>地面热像仪观察试验</td></tr>
<tr><td>10</td><td rowspan="3">雷达示假性能试验</td><td>表面材料雷达波反射率测试</td></tr>
<tr><td>11</td><td>假目标雷达截面积测量</td></tr>
<tr><td>12</td><td>合成孔径雷达成像判读试验</td></tr>
<tr><td>13</td><td colspan="2">烟火示假性能试验</td></tr>
<tr><td>14</td><td colspan="2">音响示假性能试验</td></tr>
<tr><td>15</td><td rowspan="2">辅助系统性能试验</td><td colspan="2">电气系统性能试验</td></tr>
<tr><td>16</td><td colspan="2">作业装置性能试验</td></tr>
<tr><td>17</td><td rowspan="2">其他性能试验</td><td colspan="2">人—机—环境试验</td></tr>
<tr><td>18</td><td colspan="2">电磁兼容性试验</td></tr>
</table>

表 4-1 （续）

<table>
<tr><th>序号</th><th colspan="3">试验项目</th></tr>
<tr><td>19</td><td rowspan="7">通用质量特性试验</td><td colspan="2">可靠性试验</td></tr>
<tr><td>20</td><td colspan="2">维修性试验</td></tr>
<tr><td>21</td><td colspan="2">保障性试验</td></tr>
<tr><td>22</td><td colspan="2">测试性试验</td></tr>
<tr><td>23</td><td colspan="2">安全性试验</td></tr>
<tr><td>24</td><td rowspan="2">环境适应性试验</td><td>实验室环境试验</td></tr>
<tr><td>25</td><td>地区适应性试验</td></tr>
</table>

4.2　光学示假性能试验

假目标光学示假性能试验项目主要包括光学参数对比试验、几何尺寸测量试验、航空照相判读试验和地面观察试验。光学参数对比试验包括测量假目标涂装色与真目标涂装色之间的可见光亮度对比、近红外亮度对比和色差。

4.2.1　光学参数对比试验

光学参数对比试验首先要测试真、假目标的光谱曲线。光谱曲线测试主要是测量真、假目标表面涂漆的光谱反射性能，其测试方法与伪装涂料光谱反射率测试方法基本相同。光谱曲线测试试验有两种方法：一种是使用地物波谱仪直接测量真、假目标表面涂漆的光谱反射率曲线；另一种是将真、假目标表面涂装用的涂料，按伪装涂料反射率测量方法，制成涂料测试样品，在实验室使用分光光度计测量样品反射率曲线。将测试得到的真、假目标光谱反射特性曲线，通过 CIE1931 标准色度系统、三刺激值、色差、亮度等换算处理，可以计算出假目标涂装色与真目标涂装色之间的可见光亮度对比、近红外亮度对比、色差等。

以通过制作涂料测试样品获取光谱曲线的方法为例。根据真、假目标表面漆涂装工艺，制作 300 mm × 300 mm 的真、假目标颜色测试样品，样品尺寸也可根据测试需要进行调整，测试样品在 380 ~ 2 500 nm 波段范围的光谱反射率，波长间隔 10 nm。

按下列程序和内容进行测试：

(1)测试样品光谱曲线，在样品表面一般选取 9 个均匀分布的测量点，垂直测量；

(2)每个测量点测试 3 次，结果取其平均值。

参照伪装涂料光学性能试验相关内容计算得到真、假目标表面涂装色之间的亮度对比和色差。

4.2.2　几何尺寸测量试验

目标的外部形状特征对于识别目标，尤其是识别军事目标的类型有着重要的作用。目标的几何尺寸主要是指外形轮廓尺寸(长、高、宽)和最小特征部件尺寸。假目标的外形不能与真目标有较大差别,最小特征部件尺寸误差也应控制在一定范围内。

假目标几何尺寸测量按下列程序和内容进行:

(1)在平坦试验场地将假目标按照其架设使用要求设置成相应的示假状态;

(2)对假目标示假状态下的外形轮廓尺寸(长、高、宽)和最小特征部件尺寸进行测定,每个尺寸测量3次,结果取其算术平均值;

(3)采用相同的方法,测量真目标相应的外形轮廓尺寸(长、高、宽)和最小特征部件尺寸;

(4)分别计算假目标与真目标每个几何尺寸差。

4.2.3 航空照相判读试验

检测假目标对抗敌空中光学侦察的示假性能要开展航空照相判读试验,整个试验过程包括航空照相、图像判读和假目标识别概率计算。

1. 航空照相

相同假目标试验样机至少2个,与之对应的真目标种类齐全。在晴朗少云,能见度良好的天气条件下,地势开阔的场地内,将假目标按其使用要求架设好,与真目标混合设置在目标区内,目标间距离不少于50 m。将真、假目标进行编号,并做记录。设置目标时,不得用地形、地物或其他器材遮蔽目标或改变目标外形。从空中观察时,在观察方向上不得有任何遮蔽物。飞行平台携带可见光相机、多光谱相机按规定高度和航线飞越目标区上空,拍摄可见光和近红外图像。

2. 图像判读

判读员必须是专业人员或经过专门培训的人员,数量至少3名,条件允许可10名或更多。判读员根据判读工作相关要求,对拍摄的可见光和近红外图像分别进行判读,发现图像中的目标并识别真假。

3. 识别概率计算

设某型假目标试验样机总数为N,第i名判读员对该型假目标认假为真的个数为n_i,则第i名判读员对该型假目标认假为真的识别概率为

$$P_i = \frac{n_i}{N} \times 100\% \tag{4-1}$$

式中 P_i——第i名判读员对假目标认假为真的识别概率;

n_i——第i名判读员对假目标认假为真的个数;

N——假目标试验样本总数。

假目标认假为真的概率按公式(4-2)计算:

$$\overline{P} = \frac{1}{S}\sum_{i=1}^{S} P_i \tag{4-2}$$

式中　$\overline{P}$——i 名判读员对假目标认假为真的平均识别概率；

P_i——第 i 名判读员对假目标认假为真的识别概率；

S——判读员总人数。

当真假目标数量多于5个时，为减小判读人员素质和能力对假目标识别概率的影响，可引入判读员识别准确率参数，采用加权平均的方式计算识别概率，计算方法参见地面观察试验。

4.2.4　地面观察试验

检测假目标对抗敌地面光学侦察的示假性能要开展地面观察试验，该项试验可以参照航空照相判读试验，采取地面拍照和判读员识别的方式开展，也可采用观察员直接现场观察的方式开展。

采用图像判读的方式时，除目标设置时需要假目标在地面拍照方向上不能有任何遮挡，其余方法步骤与航空照相判读试验相同。

采用观察员直接现场观察的方式时，需要观察人员视力1.0以上，无色盲，体视正常；熟悉军事目标的特征，具有一定的军事侦察素质和能力，人数不少于10人。同型真、假目标数量均不少于2个。为尽量减小观察人员素质和能力对假目标识别概率的影响，采用加权平均的方式计算识别概率。

1. 单个观察员对假目标认假为真的识别概率

$$Q_i = \frac{n_i}{N} \times 100\% \tag{4-3}$$

式中　Q_i——第 i 名观察员对假目标认假为真的识别概率；

n_i——第 i 名观察员将假目标识别为真目标的个数；

N——假目标总数。

2. 单个观察员的识别准确率

$$T_i = \frac{m_i}{M_i} \tag{4-4}$$

式中　T_i——第 i 名观察员的识别准确率；

m_i——第 i 名观察员准确识别目标总数，即真目标识别为真目标与假目标识别为假目标的数之和；

M_i——第 i 名观察员识别目标的总数，即假目标识别为假目标、假目标识别为真目标、真目标识别为真目标、真目标识别为假目标数及非目标识别为目标的数之和。

3. 单个观察员权重

$$K_i = \frac{T_i}{\sum_{i=1}^{S} T_i} \tag{4-5}$$

式中 K_i——第 i 名观察员权重；

S——观察员总人数。

4. 观察员对假目标认假为真的识别概率

$$\overline{Q} = \sum_{i=1}^{S} Q_i \cdot K_i \tag{4-6}$$

式中 $\overline{Q}$——目标的加权平均识别概率。

4.3 热红外示假性能试验

根据假目标热红外示假性能的战术技术指标要求，热红外示假性能试验项目主要包括真假目标表面温差对比试验、防空中红外成像侦察判读试验和地面热像仪观察试验等。

4.3.1 真假目标表面温差对比试验

假目标表面温度测量试验通常应在晴天或少云，无霜、露、雾，能见度大于 10 km，风力不大于 3 级的条件下进行。假目标红外性能受目标状态、环境温度、日照强度、风速等因素的影响比较大，其红外特性数据也各不相同，一般设定典型试验时机开展试验。测温仪器一般为具备测温功能的中、长波红外热像仪。

根据需要可对目标的冷机状态、热机状态和转换状态分别进行试验。冷机状态指假目标具有加热功能的热红外示假装置处于非工作的稳定状态，与周围环境达到了热平衡，或真目标发动机等热源处于非工作状态，与周围环境也达到了热平衡；热机状态指假目标红外示假装置处于工作的稳定状态，或真目标的发动机等热源处于工作的稳定状态；转换状态指假目标红外示假装置或真目标发动机等热源处于由冷机状态转向热机状态的变化过程的状态。

试验时假目标和真目标按相同的方位设置在地势平坦、通视度良好的场地中央。在目标设置区南方设置红外热像仪，使中波、长波红外热像仪可以拍摄到目标及周围背景不小于 9 倍目标面积的区域，并使目标热图位于整幅热图的中央。

按下列程序和内容进行测试：

(1) 确定真目标表面温度最高部位和温度最低部位，并在其表面至少另外选取 5 个特征部位；

(2) 选取假目标相同部位作为特征部位；

(3) 在 24 小时内，用热像仪每隔 1 小时在相同位置分别拍摄真目标和假目标热图，获取特征部位的温度；

(4) 计算真、假目标相同特征部位的温差。

4.3.2 防空中红外成像侦察判读试验

该试验的天气条件要求与真、假目标的设置方法与航空照相判读试验基本相同。

试验时真、假目标处于相同的冷/热机状态。飞行平台携带中、远红外热像仪对试验区域进行拍摄，根据热像仪的空间分辨率和像元分辨率确定飞行高度。试验时间一般选择在白天天气晴朗、少云、微风的环境，时间至少包含以下 2 个时段：清晨（日出后 1 小时内）和正午，条件允许时，可进行清晨（日出后 1 小时内）、傍晚（日落后 1 小时内）、正午和子夜 4 个时段测试。图像判读及试验数据处理方法与航空照相判读试验相同。

4.3.3 地面热像仪观察试验

检测假目标对抗敌地面热红外成像侦察的示假性能要开展地面热像仪观察试验。该项试验除所用试验设备为中、远红外热像仪外，其他与检测假目标光学示假性能的地面观察试验方法基本相同。

试验内容和程序包括：

（1）使真目标处于冷/热机状态，假目标同时处于冷/热机状态；

（2）用热像仪观察假目标和真目标在冷/热机状态 24 小时内热红外辐射特性变化，每隔 1 小时获取一次红外热图像；

（3）采用与地面观察试验直接现地观察相同的方法，让观察员观察热图像，统计计算观察员将热图中假目标识别为真目标的概率。

4.4 雷达示假性能试验

假目标的雷达示假性能与假目标的材料特性密切相关，主要试验项目包括假目标表面材料雷达波反射率测试、假目标 RCS 测试和合成孔径雷达成像判读试验。

4.4.1 表面材料雷达波反射率测试

测量假目标表面材料的雷达波反射率与测量涂料的反射率方法基本相同，也是参照《雷达吸波材料反射率测试方法》（GJB 2038A—2011）。根据测试波段的不同选择符合尺寸要求的标准板和衬板，将假目标表面材料粘贴在金属衬板上，制成平板型假目标表面材料样板，测量其垂直入射反射率。

具体测量方法和步骤如下：

（1）测试系统开机预热；

（2）测量样板支架的背景反射功率；

（3）测量标准板的参考反射功率，得到其随频率变化的回波功率 $P_0(f)$；

（4）测量相同尺寸假目标表面材料样板的反射功率，得到其随频率变化的回波功率 $P_1(f)$；

（5）计算得到反射率：

$$R(f)=10\lg\left(\frac{P_1(f)}{P_0(f)}\right) \tag{4-7}$$

4.4.2 假目标 RCS 测量

该项试验参照《伪装器材防雷达性能野外测试规程》(GJB 4724—1996)进行,测试设备为微波散射特性测试系统。图 4-1 为假目标 RCS 测量示意图。

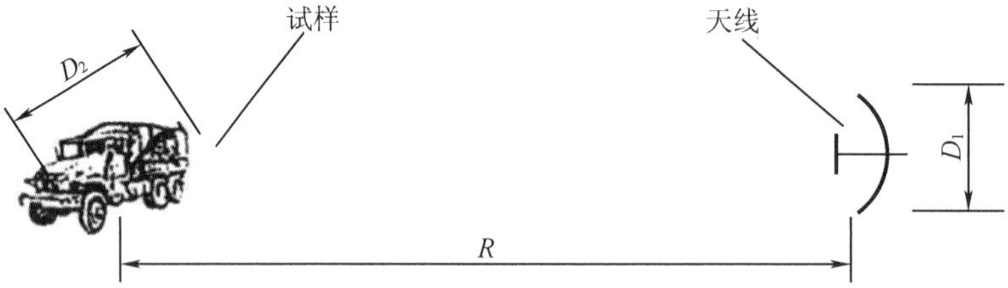

图 4-1 假目标 RCS 测量示意图

测量距离不小于微波散射特性测试系统的最小作用距离,微波散射特性测试系统天线与被测样机间的测试距离为

$$R\geqslant\frac{(D_1+D_2)^2}{\lambda} \tag{4-8}$$

式中 R——微波散射特性测试系统天线与被测样机间的测试距离,m;

D_1——微波散射特性测试系统天线口径,m;

D_2——被测样机与电波传播方向垂直平面上的最大线性尺寸,m;

λ——微波散射特性测试系统工作波长,m。

试验场地应平坦、开阔,没有其他物体反射雷达波。在雷达波传播方向,被试品的前后场地宽度不小于 2 倍微波散射特性测试系统距离分辨率 ΔR,按公式(4-9)计算。

$$\Delta R=\frac{c\cdot\tau}{2\cos\beta_1} \tag{4-9}$$

式中 ΔR——微波散射特性测试系统的距离分辨率;

c——光速,3×10^2 m/μs;

τ——微波散射特性测试系统的发射脉宽,μs;

β_1——微波散射特性测试系统天线波束的入射余角,(°)。

试样的左、右场地宽度不小于 2 倍微波散射特性测试系统的方位分辨率 Δd,其值按公式(4-10)计算。

$$\Delta d=\frac{R\cdot\alpha_1}{57.3} \tag{4-10}$$

式中 Δd——微波散射特性测试系统的方位分辨率。

α_1——微波散射特性测试系统天线水平波束宽度,(°);

R——微波散射特性测试系统天线与被测样品间的测试距离，m。

微波散射特性测试系统的天线与被试品的架设高度，应满足照射到地面部分的波束经地面反射后不在试样处与直射波产生干涉现象，即多路径效应。当微波散射特性测试系统天线水平照射时，其垂直波束宽度的一半小于产生多路径效应的临界角时，即 $\frac{\alpha_2}{2} < \theta_0$，就不会产生多路径效应。临界角的公式为

$$\theta_0 = \arctan\left(\frac{h_1 + h_2}{R}\right) \tag{4-11}$$

式中　θ_0——多路径效应的临界角，(°)；

h_1——微波散射特性测试系统天线架设高度，m；

h_2——被试品的架设高度，m。

当天线的架设高度受限，无法避免多路径效应时，采取以下措施可消除多路径效应：

(1)在天线与被试品之间设置雷达吸收材料，吸收产生多路径效应的地面反射波，如图4-2所示。

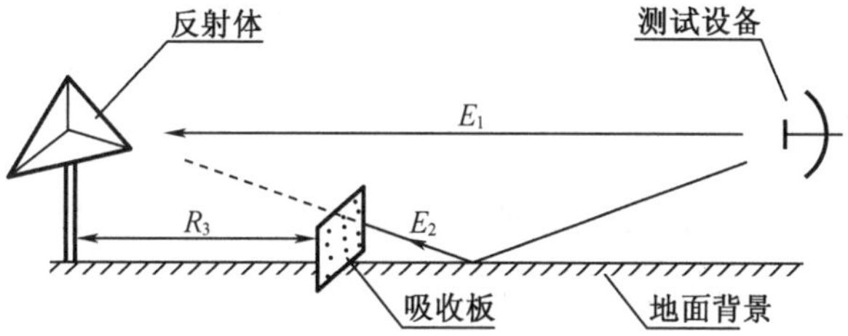

E_1—直达波；E_2—地面反射波。

图4-2　用吸收板消除反射波

(2)在天线与被试品之间设置金属反射板或雷达波透射率小于2%的反射网，改变其产生多路径效应的地面反射波的传播方向，如图4-3所示。

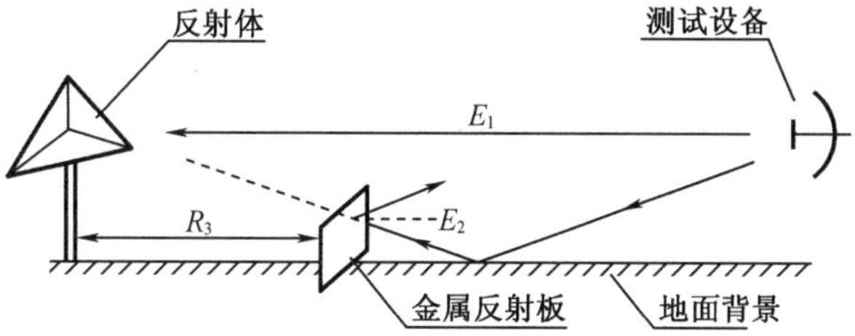

E_1—直达波；E_2—地面反射波。

图4-3　用金属板改变反射波的传播方向

把天线上仰，使其波束下半部的半功率点 a 在产生多路径效应临界线 E_2 的上方。

吸收板或金属反射板(反射网)不能遮挡直射雷达波，与被试品之间的距离 R_3 应不小于

2 倍雷达截面积测试仪距离分辨率 ΔR,按公式(4 -9)计算,尺寸按表 4 -2 确定。

表 4 -2　尺寸表

测试尺寸	测试距离/m		
	<200	200 ~ 500	>500
长	0.8 ~ 1.0	1.0 ~ 1.2	1.5 ~ 2.0
高	0.6 ~ 0.8	0.8 ~ 1.0	1.2 ~ 1.5

检测假目标 RCS 性能,首先选用经标定的适当大小标准反射体,对仪器进行标定。先把假目标的某一朝向,例如汽车假目标车头定为零方位,并对准天线波束最大方向。然后对假目标进行测量,记录试样在此朝向时的 RCS。按要求转动试样,记录相应测试结果。对测试结果进行数据处理,得到试样在各个方向的 RCS,并作出试样的雷达截面随角度变化的曲线。当只要测量试样某一方向的最大 RCS 时,先把该方向对准仪器天线,微调试样位置直至回波信号最强,然后进行测试。按相同的方法测量相应真目标的 RCS。两者测量值相减,差值绝对值作为评价假目标 RCS 示假性能的评判依据。

4.4.3　SAR 成像判读试验

除所用成像设备外,该试验其他方面与航空照相判读试验基本相同,成像设备为 SAR。飞行平台携带 SAR 对试验区域进行雷达成像,飞行平台相对地面高度由 SAR 作用距离和对地测量角度确定。

使用的仪器设备包括:空中平台、SAR、计算机、判读设备等,SAR 图像分辨率应优于假目标战术技术指标中关于 SAR 图像分辨率的要求。

SAR 成像试验过程与方法如下:

(1)检查空中平台和 SAR,确保空中平台和 SAR 处于良好的工作状态;

(2)根据 SAR 的使用要求和假目标战术技术指标要求,确定空中平台的飞行航路和飞行高度;

(3)空中平台按事先确定好的飞行航路和高度,对整个试验场地进行空中 SAR 成像。

图像判读由具有 SAR 图像判读经验的判读员判读,判读方法与判读数据处理方法与航空照相判读试验相同。

4.5　其他性能试验

4.5.1　其他示假性能试验

1. 烟火示假效果试验

烟火示假效果试验程序和方法如下：

(1)将假目标在试验场地上按使用维护说明书的要求架设成使用状态，并将烟火发生装置准备好；

(2)将观察记录仪器准备好，设置在观察点上；

(3)试验开始后，观察人员目视或使用观察仪器观察烟的浓度、形状、大小、持续滞留时间、发烟规律及火光的亮度、形状、大小、颜色、规律等，记录试验结果；

(4)记录人员用照相机和摄像机记录试验情况；

(5)试验应在白天、夜晚各进行一次。

2. 音响示假性能试验

音响示假性能试验环境条件要求如下：背景噪声≤50 dB(A)；试验地区风速大于2 m/s时，传声器应使用防风罩，当风速超过6 m/s时，应停止试验；在目标和传声器之间，不得有障碍物。

(1)示假音响声压测量

按下列程序和内容进行测试：

①根据声级计使用要求进行设置；

②将传声器对准假目标声源方向，测试距离符合战术技术指标要求，直接从声级计上读出示假音响信号的声压级；

③根据声级计读数和电容传声器的修正值，记录试验结果。

(2)示假音响时域特性和频域特性测量分析

按下列程序和内容进行测试：

①录定标信号。以声级校准器为标准声源用录音机录定标信号，并记下系统放大量。

②录示假音响。用录音机录制示假音响，记下系统放大量。

③信号分析。用录音机重放录制的示假音响信号，分析仪以适当的触发时间，触发电平采集每个完整的示假音响信号。分析其时间—能量—频率特性和频谱特性，记录试验结果。

4.5.2 假目标作业机具性能试验

不同类型的假目标作业方式不同,有的需要作业机具提供保障,如充气式假目标需要充气机保障,装配组合式假目标需要吊车起重机保障等。作业机具试验也是假目标试验的主要内容。假目标作业机具一般包括假目标运输作业保障车、充气机、起重机、发电机等。

假目标运输作业保障车一般选用定型的底盘车改装而成,其性能试验项目主要包括车辆基本参数测量、车辆装载能力测量、机动性能试验、涉水性能试验、最大行驶里程试验、车载电气性能试验、承载能力试验等。

充气式假目标的充气机、发电机一般选用市场成熟产品,充气机试验项目主要是测量充气机功率、风压等;发电机试验内容项目是测量发电机电压、频率,并在额定负载情况下测量发电机的输出电压与电流,计算发电机的额定功率。

4.5.3 架设、撤收试验

架设、撤收试验主要是对假目标的操作性、可靠性进行考核,试验项目包括架设时间试验、撤收时间试验和可架设次数试验。

架设时间和撤收时间试验内容和测试程序包括:

(1)将包装状态的假目标零部件放在试验场地上,准备好架设工具;

(2)架设人员及数量根据战术技术指标或使用维护说明书的要求确定;

(3)从架设人员打开包装开始计时,到按操作规程架设好为止,记录为架设时间;

(4)将架设好的假目标撤收到包装状态,记录为撤收时间;

(5)按(3)和(4)条共进行6次,每两次间休息时间不少于10 min。计算架设时间和撤收时间的平均值作为试验结果。

可架设次数试验按下列程序和内容进行测试:

(1)将假目标按操作规程架设好,然后撤收到包装状态,记为架设一次;

(2)每架设一次,都检查、记录假目标有无损坏情况,直至达到假目标战术技术指标要求规定的架设次数或假目标出现严重损坏情况使架设操作被迫停止。

4.5.4 环境适应性试验

环境适应性是指产品在服役过程中的综合环境因素作用下,能实现所有预定的性能和功能且不被破坏的能力,是产品对环境适应能力的具体体现,是一种重要的质量特性。假目标的环境适应性试验项目包括抗风试验,抗雪荷载试验,严寒、湿热、高原地区适应性试验,以及高温、低温、湿热、盐雾等实验室环境适应性试验等。

1. 抗风试验

抗风试验主要考核假目标的抗风载性能,按下列程序和内容进行测试:

(1)将被试品在试验场地上设置成示假状态,相互间保持一定距离,正面对准来风方向。

(2)在假目标旁装设风向风速仪。利用人工或自然风对假目标进行试验,当风力达到规定要求时,观察、记录假目标示假状态及架设过程中是否有变形、倾倒、损坏情况,并记录风力持续时间。

(3)分别将假目标转动45°、90°、180°,测试其抗风能力。

(4)记录试验结果。

2. 抗雪荷载试验

抗雪荷载试验主要考核假目标的抗雪荷载性能,按下列程序和内容进行测试:

(1)将被试品在试验场地上设置成示假状态;

(2)测量、计算假目标顶部表面面积,并换算成承载雪荷载的有效面积;

(3)用照相机、摄像机记录试验主要过程;

(4)记录试验结果。

荷载质量计算:

根据假目标顶部表面有效面积和假目标抗雪荷载要求计算出假目标能承受的最大荷载质量 W_0,即

$$W_0 = S \times g_0$$

式中 W_0——假目标能承受的最大荷载质量;

S——假目标顶部表面有效面积;

g_0——假目标战术技术指标规定的抗雪荷载要求。

3. 严寒地区适应性试验

主要考核假目标在严寒环境条件下能否实现所有预定的性能和功能且不被破坏的能力,按下列程序和内容进行测试:

(1)将假目标按使用维护说明书的要求进行架设撤收作业;

(2)记录作业时间、人员、试验条件、器材使用方便性以及低温引起的其他特殊问题;

(3)记录试验结果。

4. 湿热地区适应性试验

主要考核假目标在湿热环境条件下能否实现所有预定的性能和功能且不被破坏的能力,按下列程序和内容进行测试:

(1)将假目标按使用维护说明书的要求进行架设撤收作业;

(2)记录作业时间、人员、试验条件、器材使用方便性以及湿热引起的其他特殊问题;

(3)记录试验结果。

5. 高原地区适应性试验

主要考核假目标在高原地区环境条件下能否实现所有预定的性能和功能且不被破坏的能力,按下列程序和内容进行测试:

(1)将假目标按使用维护说明书的要求进行架设撤收作业;

(2)记录作业时间、人员、试验条件、器材使用方便性以及高原地区环境引起的其他特殊问题;

(3)记录试验结果。

6. 实验室环境适应性试验

主要考核假目标在实验室标准环境条件下能否实现所有预定的性能和功能且不被破坏的能力。假目标的环境适应性试验主要包括高温试验、低温试验、太阳辐射试验、淋雨试验、湿热试验、霉菌试验、盐雾试验、阻燃试验等,其测试内容和要求如下。

(1)高温试验

高温试验针对假目标整机进行,参照《军用装备实验室环境试验方法　第3部分:高温试验》(GJB 150.3A—2009)的规定进行,将1套被试样机放置于环境试验室内,在正常大气条件下,直至达到温度稳定,然后升温到被试样机战术技术指标要求温度,保温24 h后,将被试样机按操作规程进行1次架设撤收作业,作业过程中记录、检查假目标有无损坏情况。

(2)低温试验

低温试验针对假目标整机进行,参照《军用装备实验室环境试验方法　第4部分:低温试验》(GJB 150.4A—2009)的规定进行,将1套被试样机放置于环境试验室内,在正常大气条件下,直至达到温度稳定,然后降温到被试样机战术技术指标要求温度,保温24 h后,将被试样机按操作规程进行1次架设撤收作业,作业过程中记录、检查假目标有无损坏情况。

(3)太阳辐射试验

太阳辐射试验针对假目标材料试样进行,参照《军用装备实验室环境试验方法　第7部分:太阳辐射试验》(GJB 150.7A—2009)程序Ⅱ的规定进行,将假目标材料试样放于太阳辐射试验室指定位置,进行太阳辐射试验,辐射灯的辐照强度为1 120 $W/m^2 \pm 47\ W/m^2$,完成产品规范规定的循环次数,在最后一次辐射循环结束时,将试样恢复到标准大气条件,对试样进行外观检查和工作检测,并记录结果。

(4)淋雨试验

淋雨试验参照《军用装备实验室环境试验方法　第8部分:淋雨试验》(GJB 150.8A—2009)程序Ⅱ的规定进行,将样机停放于淋雨试验室指定位置,进行淋雨试验,时间为40 min,淋雨强度6 mm/min,淋雨试验结束后检查样机试件内部是否有游离水的迹象,估计进水量和可能的进水点,并记录。

（5）湿热试验

湿热试验参照执行《军用装备实验室环境试验方法　第9部分：湿热试验》（GJB 150.9A—2009）的规定进行，将样机按操作规程完成架设作业，样机按规定装备齐全，处于正常工作状态停放于湿热试验室指定位置，相对湿度为（95 ±5）% RH，对样机进行240 h湿热试验，调节温湿度条件使其达到标准大气条件，进行性能检测；全面目视检测被试样机，并记录被试样机在湿热条件下暴露引起的变化情况。

（6）霉菌试验

霉菌试验参照《军用装备实验室环境试验方法　第10部分：霉菌试验》（GJB 150.10A—2009）的规定对假目标材料试样进行霉菌试验，评定其耐霉菌等级。

（7）盐雾试验

盐雾试验参照《军用装备实验室环境试验方法　第11部分：盐雾试验》（GJB 150.11A—2009）的规定对假目标材料试样进行96 h（交替进行24 h喷雾和24 h干燥，共2个周期）盐雾试验，参照《色漆和清漆涂层老化的评级方法》（GB/T 1766—2008）中5.2评定其耐盐雾等级。

（8）阻燃试验

假目标材料为纺织品类的，一般按《纺织品　燃烧性能　垂直方向　损毁长度、阴燃和续燃时间的测定》（GB/T 5455—2014）的规定，该标准中规定了两种调湿条件，材料测试选择条件A，即标准大气条件下调湿后进行测试。为其他材料组成的则根据相应标准进行测试。

第5章　伪装遮障试验鉴定技术

5.1　伪装遮障性能试验概述

5.1.1　伪装遮障的组成和分类

伪装遮障也被称为遮障伪装装备，由遮障面和支撑系统组成，用以架设各类遮障的制式伪装装置、器材及材料的统称。遮障面是起伪装作用的主要部分，最常用的是伪装网，也是本章讨论的重点，除特殊说明，本章以下所述伪装遮障主要是指伪装网。

伪装网按使用要求分为通用伪装网和专用伪装网；按所对抗的探测设备分为防光学伪装网、防中远红外伪装网、防雷达伪装网和防多波段伪装网；按使用地区的背景特点分为林地型、草原型、荒漠型、雪地型和其他类型伪装网。

5.1.2　伪装遮障装备器材的发展

1. 我军伪装遮障装备器材的发展

在革命战争年代，我军没有制式伪装网，只能依靠就便材料实施简单伪装。抗美援朝期间，为满足抗美援朝战争的需要，参照苏联军队装备的棉麻伪装网，应急仿制过一批伪装网，但仅能对抗目视观察。

我国制式伪装网的研制生产始于20世纪60年代，经过几十年的不懈努力，紧跟国际先进水平，已形成特色的伪装网系列体系，许多主要指标达到了国际同类产品的先进水平。伪装网按伪装波段可划分为四代产品：第一代为防可见光近红外照相侦察伪装网；第二代为防雷达侦察伪装网，在满足防可见光近红外照相侦察功能的前提下，增加了防厘米波段伪装功能；第三代为防中远红外侦察伪装网，在满足防可见光近红外照相侦察和防厘米波段侦察伪装功能的前提下，增加了中远红外波段伪装功能；第四代为防多波段侦察伪装网，不仅具有优良的防光学、红外、雷达侦察的伪装性能，而且扩展了防雷达侦察的有效波段，总体性能达到国际领先水平。

显然，经过多年的研究和发展，目前国外现有伪装网防护频段已实现从可见光到雷达的多谱段兼容；专用化、无钩挂结构设计、背景模拟精确化成为发展重点；伪装网辅助器材得到同步发展，伪装手段日趋综合化、多样化；国内现有伪装网已实现了器材的系列化和性能的多波段化，是防护频段、防护性能、设计技术等都与国外先进水平相当。

2. 外军伪装遮障装备器材的发展

早在第一次世界大战时，为了隐蔽兵器，军队就将渔民用的旧渔网盖在兵器上，并在网上设置一些遮蔽材料，这是伪装网的雏形。在第二次世界大战时，制式伪装网得到进一步发展，在许多重要军事目标的伪装上得到应用。但那时的伪装网仅能对抗可见光侦察，材料基本上以棉麻为主。随着侦察技术的全波段化和新材料的不断应用，伪装网也在不断发展，其基础材料和伪装遮蔽性能，以及伪装机理都发生了很大变化。

外军具有代表性的典型伪装网为瑞典 Barracuda 公司和美军的产品。如 Barracuda 热伪装系统、MCS 伪装系统、ULCANS 超轻型多波段伪装网等产品（图 5－1），大多具备全谱段防护能力，包括 8 GHz～100 GHz 雷达、热红外、近红外和可见光波段。美国 Brunswick 公司研制的 Brunswick Defence 超轻型伪装网，在 6 GHz～140 GHz 有雷达波散射能力，该产品在海湾战争中曾大量装备美军。

(a)ULCAN　　　　(b)BMS-C90

图 5－1　Barracuda 公司的 ULCANS 和 BMS－C90 NET 伪装网产品

英国、德国、意大利、俄罗斯、以色列、南非等国在多波段伪装网技术领域均进行了大量研究，典型产品均具有光学/红外/雷达多波段兼容伪装性能。

为适应雷达、指挥等技术装备伪装的需要，美军同时针对各种装备发展适应性强的伪装网，如组合式轻型林地、荒漠和雪地合成材料伪装网系统。

伪装网由于特殊的结构形式，其伪装性能随伪装网架设方式不同存在较大差异，难以满足高分辨率侦察的伪装需求，另外伪装网在装备机动状态下的应用受到限制，对车辆装备的勤务性能有一定影响。对此，国外主流伪装网生产厂家在新一代产品研发设计中，开发了人造植被、变形器等一系列辅助器材，弥补伪装网的不足。

在改善伪装网性能方面，美军发展的一种人造簇叶系统，以“魔术花束”原理为基础，由若干弹簧叶片组件和一个包装箱组成，只要松开包装箱的碰锁，就能使之完全展开，形成一个树丛。同时研制了用于军事装备上固定天然或人工伪装材料的伪装簇叶支架和弹簧夹。

匈牙利开发了一系列人造伪装树叶和人造伪装树。伪装树叶可通过吸收、反射和散射来衰减多频谱的辐射。使用时，可根据需要，通过伪装网的自锁机构，将其置于支撑绳索上任何合适的地方。人造伪装树的上面分布着具有多频谱吸收和反射性能的伪装树叶。

奥地利 Blaschke 战场伪装系统为一系列能够快速架设和有弹性的“伞形”模块,可以与伪装网配合使用。不使用时,该模块可以被折叠起来,只占据很小的空间。

美国已完成了机动装备多光谱伪装系统(MSCS—ME)的试验。多谱伪装系统在坦克炮塔伪装外形和裙板中都使用了超轻型伪装网系统,表面组织结构能抑制裸露的金属表面的雷达暴露征候,并且在可见光波段提供一个自然的表面组织结构,同时允许武器装备的全面操作。

瑞典 Barracuda 公司最新的多光谱伪装产品“高机动性车载系统”,包括 TOPCAM(图 5-2)、COMCAM、COVCAM、RAPCAM 等型号,能给诸如火炮之类的装备在其开火和重新部署时提供防护,它最多可能减少 90% 的暴露征候,对热发射的抑制可以让发动机引擎和发电机保持在空转状态(便于能快速启动)。如 COMCAM 组合式系统由容易操作的附加模块组成。虽然附加组件的形状会破坏目标的匀称性,但这样可使目标的图像更适应其环境。

图 5-2　外军装备应用的 TOPCAM 伪装系统

5.1.3　伪装遮障主要技术指标

1. 光学性能指标

伪装遮障光学伪装性能主要技术指标包括通视度、光泽度、亮度对比、光谱反射率等。

通视度是指伪装遮障表面的透视能力的度量,以遮障面的透光面积与总面积之比的百分数来表示。

亮度对比是指视场中目标和背景两个不同区域之间在亮度上的相对差别。数值上等于区域间的亮度差值与区域中较大亮度值之比。

2. 中、远红外性能技术指标

伪装遮障中、远红外伪装性能技术指标包括热红外透射率、热红外发射率、亮暗斑点温差、遮障面与背景平均辐射温差、热迷彩斑点图等。

热红外透射率是指热辐射至物体的总辐射流中被物体透射的部分在总辐射流中占有

的比率。

热迷彩斑点图是指在背景或目标热图像中，由不规则封闭曲线构成的亮暗相近的区域块。

3. 雷达伪装性能技术指标

伪装遮障雷达伪装性能主要指标有后向散射系数、微波单向传输衰减、微波双向传输衰减和雷达透射率。

后向散射系数是指物体单位面积（通常为 1 m^2）的雷达截面积，通常以统计平均值描述，并以分贝数表示。

在雷达指标中，比较重要的是双向传输衰减指标和后向散射指标，衰减后的值与背景值越接近越好。如果知道某后向散射系数和雷达波束在地面上的分辨单元（即照射场面积大小）就可以得出此背景的雷达截面积。人们把实际目标等效为一垂直于电波入射方向的截面积，而这个截面积所截获的入射功率向各个方向均匀散射，在雷达处产生的功率密度与实际目标所产生的功率密度相同，这个等效面积就称为雷达截面积。

雷达透射率是指雷达波辐射至物体的总辐射流中被物体透射的部分在总辐射流中占有的比率。

4. 其他性能指标

伪装遮障的主体为织物，因此，还具有普通织物的基本性能要求，包括物理机械性能、耐候性等。其中物理机械性能指标主要包括装饰材料的断裂强力、撕破强力、顶破强力、绑扎强力、耐干摩擦色牢度、阻燃性能等。耐候性指标主要包括耐日晒牢度、耐老化、耐湿热、耐盐雾、耐霉菌等性能。

5.1.4　伪装遮障性能试验

伪装遮障性能试验按照试验性质和目的分为性能验证试验和性能鉴定试验两类，但从试验内容上讲，这两类试验基本一致。按照试验内容，可分为基本性能试验和通用质量特性试验。

基本性能试验主要包括样机检查、基本参数测量（包括外形尺寸、单位面积质量、单件包装质量及总质量）、伪装性能试验（包括光学、热红外、雷达伪装性能）、物理机械性能试验、操作性试验、阻燃性能试验等内容。根据伪装遮障类型的不同试验内容略有差别。通用质量特性试验主要包括可靠性试验、维修性试验、安全性试验、环境适应性试验（实验室环境试验、地区适应性试验）。试验项目详见表 5－1。

表 5－1　伪装遮障试验项目

序号	试验项目			
1	基本性能试验	样机检查		外观质量、齐套性、技术文件检查
2		基本参数测量		外形尺寸及单位面积质量测量
3				单件包装质量及整套器材总质量测量
4		伪装性能试验	光学伪装性能试验	颜色与光谱反射特性测试
5				光泽度测试
6				通视度测试
7				样机与背景综合亮度对比测试
8				可见光、近红外航空照相试验
9				地面彩色照相试验
10				地面彩红外照相试验
11			热红外伪装性能试验	平均热透射率测试
12				伪装网装饰布发射率测试
13				热辐射温度测试
14				空中红外热像仪成像试验
15				地面红外热像仪成像试验
16			雷达伪装性能试验	双向传输衰减测试
17				合成孔径雷达成像试验
18		物理机械性能试验		伪装网用绳断裂强力试验
19				伪装网装饰布撕破强力试验
20				伪装网装饰布断裂强力试验
21				伪装网装饰布耐干摩擦色牢度试验
22				隔热衰减层顶破强力试验
23				装饰片绑扎牢度试验
24				隔热衰减层与伪装网面绑扎牢度试验
25		操作性试验		
26		阻燃性试验		
27		浸水增重试验		
28		支撑组件性能试验		支撑杆轴向承压载荷试验
29				支撑杆跌落试验
30				张网器挠度试验
31				张网器跌落试验
32	通用质量特性试验	可靠性试验		
33		维修性试验		
34		安全性试验		人员安全性试验
35				装备安全性试验

表 5-1 （续）

序号	试验项目		
36	通用质量特性试验	环境适应性试验	温度适应性试验
37			抗风能力试验
38			耐日晒牢度试验
39			耐湿热试验
40			耐霉菌试验
41			耐盐雾试验
42			耐老化试验

5.2　光学伪装性能试验

伪装遮障的光学伪装性能主要包括伪装遮障面颜色和光谱反射特性、光泽度和通视度。伪装遮障的颜色和光谱反射特性与其作战使用地域地物的颜色和光谱反射特性应相一致，同时要符合《伪装网用颜色》(GJB 1082—1991)的相关规定；通视度度量了伪装遮障面的透视能力，通视度高可能造成被伪装目标暴露，达不到好的伪装效果，太低的通视度可能造成其他性能下降，如抗风性能。光学伪装性能试验项目还包括防侦察性能试验和伪装遮障与背景可见光、近红外亮度对比试验等。

5.2.1　防空中光学成像侦察伪装性能试验

1. 目标设置

伪装遮障试验样品数量能满足伪装 1 个战术分队的装备，且 1 套遮障能完全伪装 1 台装备。在天气晴朗，气象能见度大于 10 km 的条件下，根据伪装遮障类型选取相应背景类型的试验场地，将被伪装目标(坦克、汽车等)按疏散隐蔽战术要求配置在试验场地内，相互之间的间隔距离不小于 50 m，数量不少于 10 个；按伪装遮障的使用要求，对目标实施伪装，允许遮障边缘与背景适度结合。

2. 获取光学图像数据

该项试验使用的仪器设备包括：空中平台，可见光、近红外、紫外、多光谱图像采集设备等。

获取图像数据的过程和方法如下。

(1)检查空中平台及图像采集设备的工作状态，确保空中平台及图像采集设备工作良好。

(2)根据伪装遮障战术技术指标要求,确定空中平台的飞行高度;根据试验场地的条件,确定空中平台的航路。

(3)空中平台按事先确定的飞行航路和高度,飞越试验场地上空,拍摄可见光、近红外、多光谱或紫外图像,试验时间选在一天中光照最好条件,一般选在10点至15点之间,可根据季节和地域等因素相应调整试验时间。

(4)撤除目标的伪装遮障,然后按相同的飞行航路和高度再次进行航空照相,两次航空照相气象条件应无明显变化。

3. 航空图像判读

每次判读人员数量不少于10人,伪装前所拍摄的图像和伪装后所拍摄的图像由不同的判读员进行判读,判读时间根据判读图像面积和目标类型、数量确定,一般每平方公里获取的单波段侦察图像判读时间不超过10 min。判读员应为专业判读员,且事先不知道到伪装前、后目标的相关信息。判读员独立判读、相互间不交换判读情况。

4. 判读数据处理

图像判读后,目标发现概率计算方法如下。

单个判读员对目标的发现概率 Q_i 为

$$Q_i = \frac{n_i}{N} \times 100\% \tag{5-1}$$

式中 Q_i——第 i 名判读员对伪装遮障的发现概率;

n_i——第 i 名判读员发现伪装遮障的个数;

N——伪装遮障总数。

5. 单个判读员的判读准确率 T_i

$$T_i = \frac{n_i}{m_i} \tag{5-2}$$

式中 T_i——第 i 名判读员的判读准确率;

m_i——第 i 名判读员发现伪装遮障数量与误判数量之和。

6. 单个判读员权重 K_i

$$K_i = \frac{T_i}{\sum\limits_{i=1}^{S} T_i} \tag{5-3}$$

式中 K_i——第 i 名判读员权重;

S——判读员的总数。

7. 目标平均发现概率 $\overline{Q}$

$$\overline{Q} = \sum_{i=1}^{S} Q_i \cdot K_i \tag{5-4}$$

式中　$\overline{Q}$——目标的平均发现概率。

5.2.2　防地面可见光侦察伪装性能试验

该项试验的试验样品及数量、试验场地、天气条件、目标设置与防空中光学成像侦察伪装性能试验相同。试验仪器与设备包括：可见光相机、三脚架等，相机有效像素不低于4 800 × 3 600。

对试验区域中的经试验样品伪装后目标，调节拍摄点与目标距离，使目标约占视场总面积的1/9，使用光学相机进行顺光拍摄，试验时间选在10:00—15:00。

由3名以上伪装专业技术人员对图像进行评价，采用五级评分法进行打分，检验样品与背景的融合程度，比较斑点分布、形状与背景的相似性。

五级评分法将评价结果分为五个等级，分别为“好、较好、一般、较差、差”。对应得分0~5分。各评分等级对应得分如下：“好”对应分值区间为4.5(含)~5分，“较好”对应分值区间为3.5(含)~4.5分，“一般”对应分值区间为2.5(含)~3.5分，“较差”对应分值区间为1.5(含)~2.5分，“差”对应分值区间为0~1.5分。

5.2.3　防地面近红外/多光谱侦察伪装性能试验

该项试验所用试验仪器与设备包括多光谱相机、三脚架、笔记本电脑等，多光谱相机至少能在红、绿、蓝、近红外4个谱段成像，有效像素不低于1 920 × 1 080。

选1套伪装遮障被试品，在晴天或少云、无雾的气象条件下，将目标(坦克、汽车等)按其战术技术使用要求放置在试验场地背景中，按伪装遮障的使用要求，对被伪装的目标实施掩盖遮障伪装。

在不逆光的条件下，试验人员根据检测需要设置距离和方向(一般从顺光、左侧光、右侧光三个方向，检测距离满足目标大小约为1/9视场和1/25视场)，对伪装遮障进行近红外/多光谱照相，同时在相同的位置对遮障进行可见光照相。

获取近红外/多光谱图像后，对比可见光图像，由3名以上伪装专业技术人员对图像进行评价，采用五级评分法进行打分，判明遮障面斑点在近红外图像上与周围背景相应斑点的融合性。

5.2.4　防地面紫外侦察伪装性能试验

该项试验适用于雪地型伪装遮障，在雪地背景下进行，地面平均积雪厚度不小于10 cm，积雪覆盖率不小于70%，场地面积不小于50 m × 50 m。试验仪器与设备包括：紫外相机、三脚架、紫外滤光镜等，紫外相机感光范围覆盖350 nm波段。

试验时气象条件、目标设置方式和图像采集方式与地面近红外/多光谱照相试验相同。

获取紫外图像后，对比可见光图像，由3名以上伪装专业技术人员对图像进行评价，采用五级评分法进行打分，判明遮障面在紫外图像上与周围背景的融合性。

5.2.5 伪装遮障与背景可见光、近红外亮度对比试验

该项试验可选用两种试验仪器设备：亮度系数计和地物波谱仪，工作波段至少包含380 nm ~ 1 100 nm，误差小于5%。

根据伪装遮障类型选择相应背景的场地，场地面积不小于50×50 m，试验场地内具有与伪装遮障类型相匹配的代表性地物。在晴朗的气象条件下，太阳高度角大于30°，风力小于3级，测试时段为10:00—15:00。

1. 测点选择要求

（1）将待测的伪装遮障平铺在试验场地上，允许遮障面有一定的皱褶，不允许有其他地物的阴影落在遮障表面。

（2）在遮障面不同亮度不同颜色的斑点上分别选取至少10个测点。

将背景中的地物按颜色划分为不同的斑点，每种颜色斑点上选取不少于3个测点，被测地物表面无露水和其他地物的阴影。

2. 采用亮度系数计和地物波谱仪测试

（1）试验方法

①采用亮度系数计测试时，用亮度系数计逐一对选定的测点进行测量，仪器探头距离被测表面为1 m左右。

②采用地物波谱仪测试时，用地物波谱仪逐一对选定的测点进行测量，仪器探头距离被测表面0.1 ~ 0.2 m，记录各测点的光谱反射曲线。

（2）试验数据处理

①首先根据测得的各个测点的亮度、天光亮度或光谱反射曲线，计算背景和伪装遮障各测点的可见光（近红外）亮度系数$\gamma_{b,mn}$及$\gamma_{t,ij}$。

使用亮度系数计测试时，背景各测点可见光（近红外辐射）亮度系数为

$$\gamma_{b,mn}=\frac{L_{b,mn}}{L_{s,mn}} \tag{5-5}$$

式中 $\gamma_{b,mn}$——背景第m种颜色斑点第n个测点的亮度系数；

$L_{b,mn}$——背景第m种颜色斑点第n个测点的亮度；

$L_{s,mn}$——背景第m种颜色斑点第n个测点的天光亮度。

伪装遮障各测点可见光（近红外辐射）亮度系数按照式(5-6)计算：

$$\gamma_{t,ij}=\frac{L_{t,ij}}{L_{s,ij}} \tag{5-6}$$

式中 $\gamma_{t,ij}$——伪装遮障第i种颜色斑点第j个测点的亮度系数；

$L_{t,ij}$——伪装遮障第 i 种颜色斑点第 j 个测点的亮度；

$L_{s,ij}$——伪装遮障第 i 种颜色斑点第 j 个测点的天光亮度。

使用地物波谱仪测试时，参照 GJB 1082—1991 中三刺激值及近红外亮度因数计算方法，计算背景和伪装遮障各测点的可见光（近红外）亮度系数 $\gamma_{b,mn}$ 及 $\gamma_{t,ij}$。

②背景平均亮度系数 $\overline{\gamma}_b$ 为

$$\overline{\gamma}_b = \sum_{m=1}^{M} \overline{\gamma}_{b,m} p_{b,m} = \sum_{m=1}^{M} p_{b,m} \left(\frac{1}{N} \sum_{n=1}^{N} \gamma_{b,mn} \right) \tag{5-7}$$

式中 $\overline{\gamma}_b$——选定背景区域平均可见光（近红外）亮度系数；

$p_{b,m}$——背景中第 m 种颜色斑点所占选定背景区域的面积比，$p_{b,m} = S_m/S$；

$\overline{\gamma}_{b,m}$——背景中第 m 种颜色斑点的平均可见光（近红外）亮度系数。

$$\overline{\gamma}_{b,m} = \frac{1}{N} \sum_{n=1}^{N} \gamma_{b,mn} \tag{5-8}$$

式中 N——背景中第 m 种颜色斑点的测点个数。

③待测遮障面平均可见光（近红外）亮度系数 $\overline{\gamma}_t$ 为

$$\overline{\gamma}_t = \sum_{i=1}^{I} \overline{\gamma}_{t,i} p_{t,i} = \sum_{i=1}^{I} p_{t,i} \left(\frac{1}{J} \sum_{j=1}^{J} \gamma_{t,ij} \right) \tag{5-9}$$

式中 $\overline{\gamma}_t$——遮障面平均可见光（近红外）亮度系数；

$p_{t,i}$——遮障面第 i 种颜色斑点所占网面的面积比，$p_{t,i} = S_i/S$；

$\overline{\gamma}_{t,i}$——遮障面第 i 种颜色斑点的平均可见光（近红外）亮度系数。

$$\overline{\gamma}_{t,i} = \frac{1}{J} \sum_{j=1}^{J} \gamma_{t,ij} \tag{5-10}$$

式中 J——遮障面第 i 种颜色斑点的测点个数。

④遮障面与背景的可见光（近红外）平均亮度系数 K_c 为

$$K_c = \frac{|\overline{\gamma}_b - \overline{\gamma}_t|}{\max(\overline{\gamma}_b, \overline{\gamma}_t)} \tag{5-11}$$

式中 K_c——可见光（近红外）亮度系数对比。

5.2.6 通视度测试

试验过程和方法如下。

（1）将网面样品在框架上张紧，用太阳光作为平行光源垂直照射试样。

（2）在网面背面的适当距离安置像素大于 1 000 万的数码照相机，进行垂直照相，摄取的网面面积约为 0.25 ~ 0.3 m^2。

（3）将获取的图像进行二值化处理，统计图片中样品通光部分的面积占样品总面积的百分比，即为该样品的通视度。

如伪装网面采用了非等通视度设计，需对不同通视度的伪装网面重复上述操作。

计算伪装网上不同通视度网面样品的平均值,按各通视度网面占整块网面面积比进行加权平均。

整块伪装网通视度均值按(5-12)式计算:

$$\overline{T} = \sum_{m=1}^{M} \overline{T}_m p_m \tag{5-12}$$

式中 $\overline{T}$——伪装网通视度均值;

p_m——网面中第 m 种通视度网块所占整块网面的面积比;

$\overline{T}_m$——网面中第 m 种通视度网块的通视度。

5.2.7 颜色、光谱反射特性测试和光泽度测试

在国军标《伪装网通用要求》(GJB 7927—2012)的6.1.1.3、6.1.1.4、6.1.1.5中分别规定了伪装网装饰材料颜色、光谱反射特性和光泽度的要求。根据这些要求,需要对遮障面不同颜色装饰布进行试验。

样品面积不小于30 cm×30 cm,使用分光光度计测试各种颜色样品在380 nm~2 500 nm波段范围(雪地型白色样品测试波段范围为300 nm~2 500 nm)的光谱反射率。测试时采用2°视场,波长间隔10 nm。同一样品分别选取3处不同位置进行测试,3次测试结果取平均值。计算样品CIE 1931标准色度系统三刺激值、色品坐标、近红外亮度因数,以及样品色与标准色的可见光亮度对比、近红外亮度对比、色差;计算绿色样品的近红外反射率平均值与红光区反射率平均值之比。测试与数据处理方法与伪装涂料相同。

光泽度测试方法与伪装涂料光泽度测试方法相同。

5.3 热红外伪装性能试验

伪装遮障的热红外伪装性能试验项目主要包括遮障面的热透过率测试、野外遮障网面与背景的辐射温差测量和防热红外侦察伪装性能试验。伪装遮障面装饰材料的红外发射率测量也是伪装遮障热红外性能试验的主要项目,其测试原理与伪装涂料发射率的测试原理基本相同。

5.3.1 防空中热红外侦察伪装性能试验

该项试验的目标设置与防空中光学成像侦察伪装性能试验相同。

使用的仪器设备包括:空中平台、航空吊仓、中波和长波热像仪、计算机等,热像仪温度分辨率不低于0.1 K。

红外成像试验过程和方法如下。

(1)检查空中平台及红外成像设备的工作状态,确保空中平台及红外成像设备工作良好。

(2)根据红外成像设备的视角及伪装遮障战术技术指标要求确定空中平台的飞行高度和航路。

(3)空中平台升空后按事先确定好的飞行航路和飞行高度,飞越试验场地上空,实施热红外成像,时间至少包含以下2个时段:清晨(日出后1小时内)和正午,条件允许时,可进行清晨(日出后1小时内)、傍晚(日落后1小时内)、正午和子夜4个时段测试。

(4)撤除目标的伪装遮障,按相同的飞行航路和高度再次进行热红外成像。

图像判读由具有红外侦察图像判读经验的判读员判读,判读方法与判读数据处理方法与防空中光学成像侦察伪装性能试验相同。

5.3.2 野外遮障网面与背景辐射温差测量

该项试验根据被试伪装遮障的类型选择相应类型背景的试验场地,场地面积不小于50 m×50 m。在天气晴朗,日照持续时间不少于4 h,风力小于6级,气象能见度大于5 km的条件下进行。

把两个军事装备(坦克、汽车等)作为被伪装的目标,放置在试验场地背景中,按伪装遮障的使用要求对两个目标进行掩盖遮障伪装。伪装遮障架设完成后,使伪装遮障能接受充足的阳光照射约4 h。将测温热像仪设置在距离伪装遮障适当距离的地方,保证从热像仪的设置点,可以拍摄到遮障的全部图像和周围背景不小于9倍遮障面积的区域,并使伪装遮障位于整幅热图的中央。

测温试验过程和方法如下。

(1)用热像仪的区域测温系统测出伪装遮障平均辐射温度、最高点辐射温度和最低点辐射温度。

(2)以同样的方法测出背景平均辐射温度、最高点辐射温度和最低点辐射温度。

(3)测量出周围环境的大气温度和热像仪到遮障的距离。

(4)计算出遮障与周围背景的辐射温度差,温差取绝对值。

(5)每隔0.5~2 h测试一次,进行24小时测试。

(6)被试品有热机要求时,区分冷、热机状态进行测试。热机状态测试时,测试前0.5 h,被伪装目标发动机启动,其他测试过程、方法与冷机状态相同。

一般测温型红外热像仪都配有热图分析软件,使用热图分析软件统计各个时间点伪装遮障及相应背景(背景范围为伪装遮障周围九倍面积)的最高辐射温度、最低辐射温度及平均辐射温度,计算在一个周期24小时内,伪装遮障与相应背景的平均辐射温度之差≤4 ℃的时间点占全部测试时间点的比例。

5.3.3 平均热透射率测试

该项试验根据GJB 7927—2012中6.1.2.3的规定,具体试验方法和过程如下。

(1)选择两个面积不小于1 m^2的矩形金属平板做目标,与地面垂直放置,并分别加热到高于室内温度(25±2)℃和(40±2)℃,在整个检测过程中保持在上述温度值的±0.5 ℃

范围内。

(2)分别架设中波、长波红外热像仪,并调整红外热像仪位置,对准已加热到高于室内温度(25 ±2)℃的矩形平板目标,使目标图像充满热像仪的整个现场,获取该目标中波、长波红外图像,并测定平板目标的平均辐射温度。

(3)按(2)的方法测定已加热到高于室内温度(40 ±2)℃的矩形平板目标的平均辐射温度。

(4)将需检测的伪装网垂直悬挂在高于室内温度(25 ±2)℃的矩形平板目标和热像仪中间,使伪装网与平板目标平行并完全遮挡平板目标,网面距平板目标约 3 m,获取遮蔽平板目标部分的伪装网的中波、长波红外图像,并测定相应部分的平均辐射温度。

(5)按(4)的方法测定已加热到高于室内温度(40 ±2)℃的矩形平板目标被伪装网遮蔽后的中波、长波红外图像,并测定相应部位的平均辐射温度。

伪装网的百分比热透过率 τ 为

$$\tau = \frac{R_{U40} - R_{U25}}{R_{B40} - R_{B25}} \times 100\% = \frac{T_{U40}^{4} - T_{U25}^{4}}{T_{B40}^{4} - T_{B25}^{4}} \times 100\% \tag{5-13}$$

式中 R——辐射能值;

T_{U40}——高于环境温度 40 ℃、悬挂伪装网之后热图的平均辐射温度(绝对温度);

T_{U25}——高于环境温度 25 ℃、悬挂伪装网之后热图的平均辐射温度(绝对温度);

T_{B40}——高于环境温度 40 ℃、金属平板目标热图的平均辐射温度(绝对温度);

T_{B25}——高于环境温度 25 ℃、金属平板目标热图的平均辐射温度(绝对温度)。

分别选择伪装网九处不同部位(按照九宫格方式取点)遮蔽金属平板目标,重复上述步骤,得到每个部位的热透过率,计算平均值,即为样机的平均热透射率。

5.3.4 红外发射率测量

一般参照 GJB 2502.3—2015《航天器热控涂层试验方法 第 3 部分:发射率测试》(方法 2041)规定的方法进行,测试波段应包括中波和长波红外波段。

5.4 雷达伪装性能试验

伪装遮障的雷达伪装性能试验项目主要包括雷达波双向传输衰减测试、伪装前后雷达散射截面积衰减测试和防合成孔径雷达成像侦察伪装性能试验。

5.4.1 双向传输衰减测试

该项试验主要测试伪装遮障的遮障面衰减雷达波的性能。遮障面一般是柔性的雷达散射或吸收材料,测量其不同雷达波段的双向传输衰减,应根据测试波长裁剪不同大小的遮障面试验样品。遮障面试验样品需固定到金属标准板的表面,标准金属板和遮障面之间添加厚度大于 10 cm 以上泡沫材料,使两者之间隔开一定的距离,做成“平板型雷达波吸收材料”试验样品，用于测量遮障面的雷达波双向传输衰减。可参照 GJB 2038A—2011 规定的5.4.1.1“平板型雷达波吸收材料垂直入射反射率”测试方法进行。具体试验方法和过程与伪装涂料反射率测试方法相同。

5.4.2 伪装前后雷达散射截面积衰减测试

该项试验通过测量军事目标(如坦克、火炮等)使用伪装遮障实施伪装前后的雷达散射截面积差值，检测伪装遮障对雷达波的衰减性能。

参照《伪装器材防雷达性能野外测试规程》(GJB 4724—1996)的规定开展该项试验，试验设备与场地、天气条件与假目标雷达散射截面积试验相同。

主要试验过程和方法如下。

(1)按 GJB 4724—1996 中 5.1 测出被伪装军事目标(如坦克、火炮等)的 RCS 值 $A_0(\alpha)$ dBm^2，α 为雷达波相对于目标的入射角度。

(2)按遮障的使用要求用伪装遮障对目标实施掩盖遮障伪装。

(3)按同样的方法，测量伪装后目标的 RCS 值 $A_1(\alpha)dBm^2$。

(4)按照式(5－14)计算出目标被伪装前后 RCS 值的变化：

$$\delta(\alpha) = A_1(\alpha) - A_0(\alpha) \tag{5-14}$$

式中 δ——目标被伪装前后雷达散射截面衰减值，dB；

(5)在同一坐标系中作出目标在被伪装前后的雷达截面积随角度变化的曲线。

5.4.3 防合成孔径雷达侦察伪装性能试验

该项试验的目标设置与防空中光学成像侦察性能试验相同。

使用的仪器设备包括：空中平台、合成孔径雷达、计算机等，合成孔径雷达图像分辨率应优于伪装遮障战术技术指标中关于合成孔径雷达图像分辨率的要求。

合成孔径雷达成像试验过程与方法如下。

(1)检查空中平台和合成孔径雷达，确保空中平台和合成孔径雷达处于良好的工作状态。

(2)根据合成孔径雷达的使用要求和伪装遮障战术技术指标要求，确定空中平台的飞行航路和飞行高度。

(3)空中平台按事先确定好的飞行航路和高度，对整个试验场地进行空中雷达成像。

(4)撤除军事目标的伪装遮障，按相同的飞行航路和高度再次进行合成孔径雷达成像。

图像判读由有合成孔径雷达图像判读经验的判读员判读，判读方法与判读数据处理方法与防空中光学成像侦察伪装性能试验相同。

5.5 其他性能试验

5.5.1 物理机械性能试验方法

在国军标《伪装网通用要求》(GJB 7927—2012)中关于伪装网的物理机械性能,分别提出了强力、耐干摩擦色牢度和阻燃性三个方面的设计要求。

1. 强力

伪装网按成网方式不同,可分为网纲形式伪装网(图5-3)和基网形式伪装网,根据成网工艺以及成网后受力方式的不同,对应的强力测试内容和方法也有所区别。网纲形式伪装网的装饰材料一般采用绑扎工艺固定在骨架网上,架设后张网器对网面的作用力主要作用在骨架网上,强力测试包括测试伪装网用绳的断裂强力,切花前装饰布的断裂强力、撕破强力,成网后装饰片与骨架网绑扎强力,连接环绳、边绳与骨架网的缝合强力等。

基网形式伪装网的装饰材料一般采用缝制工艺固定在基网上,架设后张网器对网面的作用力主要作用在基网上,强力测试包括测试基网、网眼装饰布的顶破强力,切花前装饰布的断裂强力、撕破强力,伪装网用绳的断裂强力,成网后装饰片与基网缝合强力,连接环绳、边绳与基网的缝合强力等。

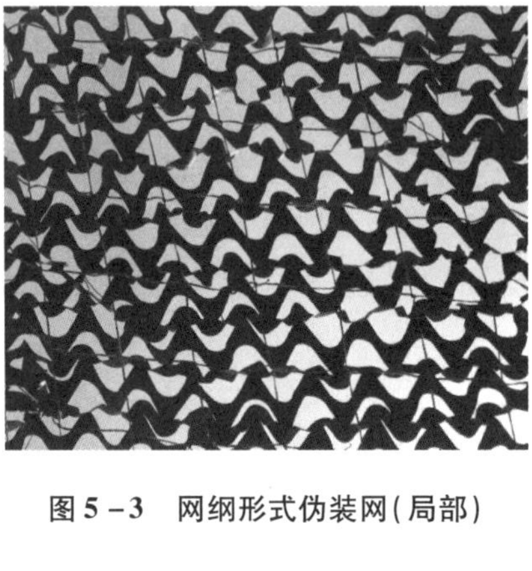

图5-3 网纲形式伪装网(局部)

织物断裂强力是指在规定条件下进行的拉伸试验过程中,试样被拉断时的最大力;织物撕破强力是指在规定条件下,使试样从初始切口扩展所需的力;织物顶破强力是指当织物局部受到垂直于其平面的外力作用,鼓起扩张而破裂的现象,是衡量织物抵抗局部垂直力破坏的指标。

(1)伪装网强力测试方法

伪装网装饰材料分为网眼布和非网眼布,其强力测试方法如下。

①网眼小于5 mm的网眼布按《纺织品顶破强力的测定钢球法》(GB/T 19976—2005)

的规定检测其顶破强力。

②伪装网装饰材料(非网眼布)按《纺织品织物撕破性能　第3部分:梯形试样撕破强力的测定》(GB/T 3917.3—2009)的规定检测其撕破强力,按《纺织品　织物拉伸性能　第1部分:断裂强力和断裂伸长率的测定(条样法)》(GB/T 3923.1—2013)的规定检测其断裂强力。

伪装网用绳主要包括骨架网绳、连接环绳、边绳、加强绳等,其断裂强力测试方法按《特种工业用绳带　物理机械性能试验方法》(FZ 65002—1995)中5.6条的规定检测。

(2)成网后强力测试方法

①参照《防中远红外侦察伪装遮障规范》(GJB 2674—1996)中4.8.6.3的规定检测装饰片与骨架网绑扎强力或装饰片与基网缝合强力;

②参照《防中远红外侦察伪装遮障规范》(GJB 2674—1996)中4.8.6.5的规定检测连接环绳、边绳与骨架网(或基网)的缝合强力。

(3)支撑系统强力测试方法

支撑系统(组件)主要由支撑杆、张网器、锚固钎(桩)等组成,其强力测试方法如下。

①支撑杆轴向承压载荷,参照《伪装遮障支撑系统规范》(GJB 2069—1994)中4.6.4的规定执行,支撑高度3.0 m时,利用支撑杆载荷试验装置,对支撑杆轴向缓慢加载至战术技术指标规定载荷,持续60 s,杆体不产生失稳、分层、断裂等现象。

②张网器挠度,对张网器轴向面载荷缓慢加载至战术技术指标规定载荷,测量张网器边缘处挠度,挠度应小于指标要求,且张网器无损坏。

③锚固钎(桩)材料屈服强度,按《金属材料　拉伸试验　第1部分:室温试验方法》(GB/T 228.1—2010)的规定分别测试锚固钎(桩)材料的屈服强度,锚固钎材料屈服强度应符合《钢筋混凝土用钢　第2部分:热扎带肋钢筋》(GB/T 1499.2—2018)规定的要求,锚固桩材料屈服强度不低于《碳素结构钢》(GB/T 700—2006)规定的要求。

2. 耐干摩擦色牢度

一般按《纺织品　色牢度试验　耐摩擦色牢度》(GB/T 3920—2008)的规定,检测伪装网装饰材料的耐干摩擦色牢度。

3. 阻燃性

一般按《纺织品　燃烧性能　垂直方向　损毁长度、阴燃和续燃时间的测定》(GB/T 5455—2014)的规定,检测伪装遮障组成材料装饰布、隔热层、网绳等的阻燃性能,该标准中规定了两种调湿条件,伪装遮障材料测试选择条件A,即标准大气条件下调湿后进行测试。

5.5.2　环境适应性试验

伪装遮障的环境适应性主要包括温度适应性试验、太阳辐射适应性试验(耐光色牢度试验)、耐湿热试验、耐霉菌试验、耐盐雾试验、抗风试验等,其测试方法如下。

1. 温度适应性试验

温度适应性试验是考核伪装遮障适应温度的能力，分为实验室试验和地区适应性试验。

实验室试验包括高温实验室试验和低温实验室试验，分别参照《军用装备实验室环境试验方法　第3部分：高温试验》（GJB 150.3A—2009）、《军用装备实验室环境试验方法　第4部分：低温试验》（GJB 150.4A—2009）的规定进行，将样机放置于环境试验室内，在正常的大气条件下，直至达到温度稳定，然后升（降）温到样机战术技术指标要求的温度，保温24小时后，进行伪装遮障架设撤收作业，作业过程中检查支撑杆、张网器连接是否正常，遮障面、各组件涂层有无变黏（变脆）、脱落现象。

地区适应性试验主要包括湿热地区适应性试验和严寒地区适应性试验，主要考核伪装遮障作业适应性，检查伪装遮障作业过程中样机能否适应湿热（严寒）地区作业，作业过程中检查支撑杆、张网器连接是否正常，遮障面、各组件涂层有无变黏（变脆）、脱落现象，记录伪装遮障架设、撤收时间，评价伪装遮障架设、撤收、包装、携带的便利性。

2. 太阳辐射适应性试验（耐光色牢度试验）

太阳辐射适应性试验（耐光色牢度试验）针对切花前的装饰布进行，参照《纺织品　色牢度试验　耐人造光色牢度：氙弧》（GB/T 8427—2019）方法3的规定执行，将试样与一组蓝色羊毛标样一起在人造光源下按规定条件曝晒，然后将试样与蓝色羊毛标样进行变色对比，评定试样的耐光色牢度等级。

3. 耐湿热试验

耐湿热试验针对伪装遮障整机进行，参照《漆膜耐湿热测定法》（GB 1740—2007）的规定，将样机放入温度为(47 ±1)℃、相对湿度为(96 ±2)%的环境中，对样机进行240小时湿热试验，并评定样机的耐湿热等级。

4. 耐霉菌试验

耐霉菌试验针对切花前的装饰布进行，参照《军用装备实验室环境试验方法　第10部分：霉菌试验》（GJB 150.10A—2009）菌种2的规定对试样进行霉菌试验，评定样品的耐霉菌等级。

5. 耐盐雾试验

耐盐雾试验针对切花前的装饰布进行，参照《军用装备实验室环境试验方法　第11部分：盐雾试验》（GJB 150.11A—2009）的规定对试样进行96小时（交替进行24小时喷雾和24小时干燥，共2个周期）盐雾试验，参照《色漆和清漆涂层老化的评级方法》（GB/T 1766—2008）中5.2评定样品耐盐雾等级。

6. 抗风试验

抗风试验场地条件为地面平整的场地，面积至少能架设2套伪装遮障，遮障架设完成后相互间距离≥10 m，参照《伪装遮障设计定型试验规程　第8部分：抗风性能试验》(GJB 5010.8—2003)的规定执行。选择风力较大地区，按《使用维护说明书》要求架设2套伪装遮障。试验员记录天气和样机情况，并对样机按使用维护说明书要求进行维护，至经历样机战术技术指标规定风力条件后，检查样机状态，记录是否有被风吹坏、坍塌、支撑组件损坏、锚固钎(桩)被拔起等情况，并记录风速持续时间。

第 6 章　基于图像分析的综合伪装效果评价方法

综合伪装效果指目标经伪装后或设置的假目标所达到的对抗侦察探测的能力，本书在第 4 章中介绍的假目标地面观察及航空照相、防空中红外成像侦察和合成孔径雷达成像判读试验，是对假目标综合示假效果进行试验评价的方法；在第 5 章中介绍的伪装遮障防地面可见光、近红外/多光谱、紫外侦察性能试验，防空中光学成像、热红外侦察和合成孔径雷达成像侦察试验，是对目标使用伪装遮障的综合伪装效果所进行的试验评价方法。这些试验或是通过统计判读员的发现、识别概率得到评价结果，或是通过统计观察员的发现、识别概率得到试验结果。判读员或观察员的素质、专业能力和水平存在差别，这些人为主观因素的差异会对综合伪装效果的评价结果产生一定影响，且不确定度很难评估。本章将以红外图像为例，讨论基于图像分析的综合伪装效果评价方法，通过建立基于图像数据处理分析的数学模型，试验评价目标实施伪装后的综合伪装效果或假目标的示假效果，试验获取的图像数据处理分析过程明确，评价结果定量客观，可消除人为主观因素的影响。尽管现阶段这种方法在业界很难达成共识而形成统一标准，但可作为传统试验方法的一种补充，在伪装效果对比试验中发挥作用。本章介绍的多种基于图像分析的综合伪装效果评价方法，仅作为对该类试验评价方法的探索供读者参考。

6.1　隐真伪装装备综合伪装效果评价方法

6.1.1　基于特征点集的评价方法

基于特征点集的隐真装备伪装效果评价方法主要是通过提取军事目标使用伪装装备前后目标图像的特征点，形成特征点集合，然后用特征点集合之间的距离测度军事目标伪装前、后图像特征点集合之间的差异程度。如果两者的差异大，说明军事目标使用伪装装备实施伪装后产生了明显的外形改变，具有好的变形伪装效果，否则说明伪装效果差。

1. 特征点提取

特征点主要指图像中的明显点，如角点、边缘点等。用于特征点提取的算子称为兴趣点算子。兴趣点的检测是基于对像素点的兴趣值计算。自 20 世纪 70 年代以来出现了一系列各不相同、各具特色的兴趣点提取算子，其中较知名的有 Moravec 算子、Harris 算子、

Hannah 算子和 Foistner 算子等，比较常用的是 Moravec 和 Harris 点检测算子。

（1）Moravec 算子

Moravec 算子的基本思想是，以像素的四个主要方向上最小灰度方差表示该像素与邻近像素的灰度变化情况，即像素的兴趣值，然后在图像的局部选择具有最大兴趣值的点（灰度变化明显的点）作为特征点，具体算法如下。

①计算各像素的兴趣值 IV（interest value），例如计算像素（c,r）的兴趣值，先在以像素（c,r）为中心的 $n\times n$ 的影像窗口中（如 5×5 的窗口），计算四个主要方向相邻像素灰度差的平方和：

$$V_1 = \sum_{i=-k}^{k-1}(g_{c+i,r} - g_{c+i+1,r})^2 \tag{6-1}$$

$$V_2 = \sum_{i=-k}^{k-1}(g_{c+i,r+i} - g_{c+i+1,r+i+1})^2 \tag{6-2}$$

$$V_3 = \sum_{i=-k}^{k-1}(g_{c,r+i} - g_{c,r+i+1})^2 \tag{6-3}$$

$$V_4 = \sum_{i=-k}^{k-1}(g_{c+i,r-i} - g_{c+i+1,r-i+1})^2 \tag{6-4}$$

其中 $k = INT(n/2)$。取其中最小者为像素（c,r）的兴趣值：

$$IV_{c,r} = \min\{V_1, V_2, V_3, V_4\} \tag{6-5}$$

②根据给定的阈值，选择兴趣值大于该阈值的点作为特征点的候选点。阈值的选择应以候选点中包括需要的特征点，而又不含过多的非特征点为原则。

③在候选点中选取局部极大值点作为需要的特征点。在一定大小的窗口内（可不同于兴趣值计算窗口），去掉所有不是最大兴趣值的候选点，只留下兴趣值最大者，该像素即为一个特征点。

（2）Harris 点检测算子

Harris 点检测算子是在 Moravec 算子的基础上发展而来的。

考虑矩阵：

$$\boldsymbol{M} = \begin{bmatrix} I_x^2 & I_xI_y \\ I_xI_y & I_y^2 \end{bmatrix} \tag{6-6}$$

其中，$I(x,y)$ 是灰度级密度。$I_x = \dfrac{\partial I}{\partial x}, I_y = \dfrac{\partial I}{\partial y}$。

为避免点检测受噪声的影响，可以先用高斯滤波器对图像导数的平方进行平滑，则

$$\boldsymbol{M} = \sum_{x,y} w(x,y)\begin{bmatrix} I_x^2 & I_xI_y \\ I_xI_y & I_y^2 \end{bmatrix} \tag{6-7}$$

$$E(u,v) = \sum_{x,y} w(x,y)[I(x+u,y+v) - I(x,y)]^2 = [u,v]\boldsymbol{M}\begin{bmatrix} u \\ v \end{bmatrix} \tag{6-8}$$

其中，$w(x,y)$ 是以（x,y）为中心的高斯窗函数。

可以看出，E 与局部自相关函数很相近。将矩阵 $\boldsymbol{M}$ 在某一点的两个特征值记为 λ_1 和 λ_2。

λ_1 和 λ_2 与自相关函数的主曲率成正比。

$$\det \boldsymbol{M} = \lambda_1 \lambda_2 \tag{6-9}$$

$$\text{trace } \boldsymbol{M} = \lambda_1 + \lambda_2 \tag{6-10}$$

如果 λ_1 和 λ_2 都很小，也就是说在各个方向上灰度级几乎没有变化，曲率很小，自相关函数比较平坦，说明该点不是特征点；如果 $\lambda_1 \gg \lambda_2$ 或 $\lambda_2 \gg \lambda_1$，那么自相关函数会有一个明显的隆起，沿着该隆起(例如沿着边缘)的位移变化会导致 E 的变化，说明该点是一个边缘点；如果在某一点矩阵的两个特征值 λ_1 和 λ_2 都大，自相关函数会有一个明显的尖峰，那么在任意方向上的位移变化都会导致 E 的增大。这意味着该点是一个特征点。

计算特征点的响应函数为

$$R = \det \boldsymbol{M} - k(\text{trace } \boldsymbol{M})^2 \tag{6-11}$$

其中，k 为经验常数，取 0.04 ~ 0.06，$\det \boldsymbol{M} = \lambda_1 \lambda_2$，$\text{trace } \boldsymbol{M} = \lambda_1 + \lambda_2$。

如果 $R>0$ 且值比较大，则为角点；如果 $R<0$ 且绝对值较大，则为边缘点；

$|R|$ 的值较小，则图像在该点各个方向的灰度变化都不大，为平坦区域。

响应函数 R 见图 6-1。

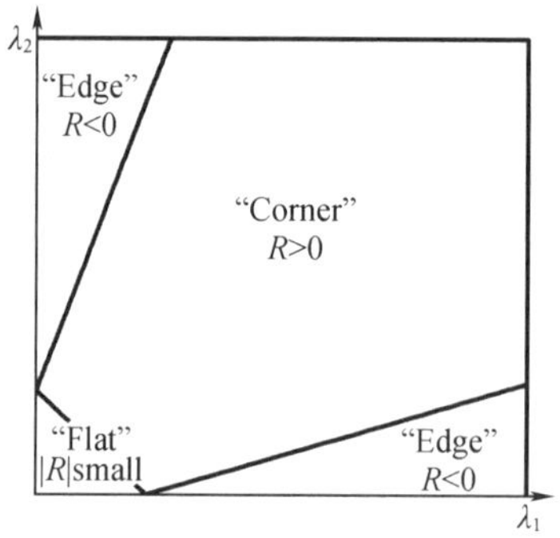

图 6-1　Harris 算子图解

①用 Harris 点检测算子进行特征点提取的过程：

a. 计算点响应函数 R。

b. 找到 R 大于某一阈值的点。

c. 只考虑 R 的局部最大值的那些点。

可通过调整阈值来获得满意数量的点，以确保在图像的各个部分都能找到足够的特征点。

②Harris 点检测算子与 Moravec 算子的对比：

a. Moravec 算子只考虑了 45°方向上的位移变化；而 Harris 点检测算子则考虑了所有可能的位移变化。

b. Moravec 算子使用的是矩形窗，响应函数受噪声影响；而 Harris 点检测算子使用的是平滑的高斯窗，去噪效果较好。

c. Moravec 算子只考虑了 E 的最小值处的点；而 Harris 点检测算子则考虑了 E 在所有

方向上的变化。

此外，Harris 点检测算子具有平移不变性和旋转不变性。由于对灰度进行梯度计算要用到邻域像素的灰度值，而且高斯滤波器的标准偏差是一个常数，Harris 点检测算子经常会由于图像的形变而丢失一些特征点。因此，需要对 Harris 点检测算子进行改进，使它具有尺度不变性和仿射不变性。

（3）尺度不变的 Harris 点检测算子

能对两幅不同分辨率的图像进行对比的关键在于高分辨率图像对应着低分辨率图像的一小块区域。因此，可以假设高分辨率图像与低分辨率图像之间存在着平面投影变换的映射关系。

考虑像素点 x，其灰度值用 $I(x)$ 表示，则图像特征点提取的步骤如下：

①通过与标准方差为 σ 的高斯核的卷积来计算图像在 u 和 v 方向的导数 I_u 和 I_v。

②形成自相关矩阵 $\boldsymbol{M}(x,\sigma,\widetilde{\sigma})$。高斯函数 $G(\widetilde{\sigma})$ 是用来加权的。

$$\boldsymbol{M}(x,\sigma,\widetilde{\sigma}) = G(\widetilde{\sigma}) * \begin{bmatrix} I_u^2(x,\sigma) & I_u I_v(x,\sigma) \\ I_u I_v(x,\sigma) & I_v^2(x,\sigma) \end{bmatrix} \tag{6-12}$$

③如果矩阵 $\boldsymbol{M}$ 有两个大的特征值，那么 x 就是一个特征点。即矩阵满足 $\det \boldsymbol{M} - k(\text{trace}\ \boldsymbol{M})^2 > t$，这里 t 是一个固定的阈值。

在这里要注意的是，上面定义的特征点提取算子是旋转不变的，这是由于矩阵 $\boldsymbol{M}$ 是对称矩阵。但是该算子对于图像大小或图像分辨率的变化不具有不变性。因此，通常在用上面的算子进行特征点提取时可以忽略图像的平面旋转。如果假设图像灰度值被合理地归一化了，相似性条件必须满足 $I'(x') = I(x)$。其中 I 是高分辨率图像的灰度值，I' 是低分辨率图像的灰度值。由于忽略了旋转，有 $x' = hx + t$ 成立，这样就可以得到 $hI'_u = I_u, hI'_v = I_v$。

因此，应用于高分辨率图像的特征点提取算子与应用于低分辨率图像的特征点提取算子有如下关系：

$$C'(x',h\sigma,\widetilde{h\sigma}) = \frac{1}{h^2}C(x,\sigma,\widetilde{\sigma}) \tag{6-13}$$

现在来考虑高分辨率图像的尺度空间。这个尺度空间是由原始图像与标准偏差单调增的高斯核卷积得到的，即 $s\sigma, s>1$。在这个尺度空间中，尺度因子为 s 时，高分辨率图像为

$$I(x,s\sigma) = I(x) * G(x,s\sigma) \tag{6-14}$$

该尺度下图像的一阶导数为

$$I_u(x,s\sigma) = I(x) * G_u(x,s\sigma) \tag{6-15}$$

$$I_v(x,s\sigma) = I(x) * G_v(x,s\sigma) \tag{6-16}$$

因此，将 σ 替换为 $s\sigma$ 即可完成在尺度因子为 s 时的特征点提取。

如果需要对高分辨率图像 I 和低分辨率图像 I' 进行匹配，那么选择在什么尺度上进行匹配就显得至关重要。尺度因子为 s 的空间中的特征点提取算子定义为

$$\boldsymbol{M}(x,s\sigma_I,s\sigma_D) = s^2 G(s\sigma_D) * \begin{bmatrix} I_u^2(x,s\sigma_I) & I_u I_v(x,s\sigma_I) \\ I_u I_v(x,s\sigma_I) & I_v^2(x,s\sigma_I) \end{bmatrix} \tag{6-17}$$

(4)仿射不变的 Harris 点检测算子

仿射不变的 Harris 点检测算子在搜索特征点时使用各种形状的椭圆形窗来代替 Harris 点检测算子使用的固定半径的圆形窗，所以对于仿射形变它比 Harris 角点检测算子具有更好的鲁棒性。仿射不变的 Harris 点检测算子提取各向同性的点作为特征点，然后在这些特征点上加椭圆形窗。

$$\boldsymbol{M}=G(\sigma_I)*\begin{bmatrix} L_x^2(\sigma_D) & L_x(\sigma_D)L_y(\sigma_D) \\ L_x(\sigma_D)L_y(\sigma_D) & L_y^2(\sigma_D) \end{bmatrix} \tag{6-18}$$

其中，

$$G(\sigma_D)=\frac{1}{\sqrt{2\pi}\sigma_D}e^{-\frac{x^2+y^2}{2\sigma_D^2}} \tag{6-19}$$

$$L(\sigma_D)=G(\sigma_D)*I \tag{6-20}$$

①使用该算子进行特征点检测的过程。

a. 检测初始的特征点。对每个特征点重复下列步骤；

b. 以这些特征点为中心进行窗的归一化；

c. 计算合适的积分尺度 σ_I 和微分尺度 σ_D，来确定窗的形状；

d. 检测离这个特征点最近的 R 的局部最大值的空间位置；

e. 如果 $\boldsymbol{M}$ 是各向异性的，转至 b。

下面就检测过程中的几个重点介绍一下。

②初始化特征点。

通过对图像加各种大小的圆形窗来检测初始化特征点。令 $\sigma_I^{(n)}=1.2, 1.2^2, \cdots, 1.2^n$，$\sigma_D^{(n)}=0.6\sigma_I (n=0,1,2,\cdots,15)$，并设定一个阈值 R_0。在一个点的八邻域内搜索满足特征点响应函数 $R>R_0$ 的局部最大值。

③归一化。

对原始图像使用椭圆形窗，而对仿射变换后的图像使用圆形窗。在第 k 次迭代时，使用下式对窗内像素的位置矩阵进行相乘操作，即

$$U^{-1}=\prod_k U^{(0)}(M^{1/2})^{(k)} \tag{6-21}$$

这样，椭圆形窗就变换为圆形窗。这样便可以使用高斯滤波器进行递归实现。

④积分尺度。

对于一个给定的空间点，它的特征尺度是自动选择出来的。为了保持对图像大小变化的不变性，选择使得归一化 LOG 获得八邻域内局部最大值的 σ 作为积分尺度 σ_I。

$$LOG=|\sigma^2(L_x^2(\sigma)+L_y^2(\sigma))| \tag{6-22}$$

⑤微分尺度。

σ_D 是微分尺度，是使特征值之比 Q 最大的 σ_D。

$$Q=\frac{\lambda_{\min}(M^{(k)})}{\lambda_{\max}(M^{(k)})} \tag{6-23}$$

这里 Q 是一个各向同性的测度。

⑥迭代终止准则。

迭代中最重要的准则是终止准则。每次迭代都要重新计算 σ_I、σ_D、M、Q。Q 是各向同性的测度。在迭代中通过使 Q 最大化获得的特征点作为特征点。当 $Q > \varepsilon_C$ 时，迭代结束。这里，ε_C 是一个很小的误差。

2. Hausdorff 距离

（1）Hausdorff 距离定义

Hausdorff 距离是一种极大 - 极小距离，它主要用于衡量两个有限点集合的匹配程度。对于两个有限点集合 $A = \{a_1, a_2, \cdots, a_p\}$ 和 $B = \{b_1, b_2, \cdots, b_q\}$，则 A,B 之间的 Hausdorff 距离定义为

$$H(A,B) = \max(h(A,B), h(B,A)) \tag{6-24}$$

式中，$h(A,B) = \max\limits_{a \in A}\min\limits_{b \in B} \| a - b \|$ 称为 A,B 间的有向 Hausdorff 距离，$\| \cdot \|$ 是某种距离范数，例如欧几里得范数。如果定义一个点 a 到一个点集合 B 的距离 $d_B(a)$ 为 a 点到 B 点集合中每一个点距离的最小值，即 $d_B(a) = \min\limits_{b \in B} \| a - b \|$，则 $h(A,B)$ 是点集合 A 中所有点到点集合 B 的距离 $d_B(a)$ 的最大值。Hausdorff 距离 $H(A,B)$ 取 $h(A,B)$ 和 $h(B,A)$ 的最大值。与大多数形状比较的方法不同的是，使用 Hausdorff 距离计算时无须建立两个点集中点与点之间的对应关系。

对任意变换组 G，定义最小 Hausdorff 距离为

$$M_G(A,B) = \min_{g_1, g_2 \in G} H(g_1 A, g_2 B) \tag{6-25}$$

如果对于任意的 $g \in G$ 和任意点 x_1、x_2，组 G 都满足 $\| gx_1 - gx_2 \| = \| x_1 - x_2 \|$，那么只需要考虑平移其中一个点集：

$$M_G(A,B) = \min_{g \in G} H(A, gB) \tag{6-26}$$

当 G 表示一组平移变换，$\| \cdot \|$ 是任意一种范数，或者当 G 表示一组刚体变换，$\| \cdot \|$ 是欧几里得范数时，上面这个性质都成立。

在这种情况下，最小 Hausdorff 距离具有以下性质：函数处处为正并且有同一性、对称性和三角不等性。其中，三角不等性对于计算机视觉和模式匹配应用非常重要。

当考虑模板与图像之间的关系是一组平移的关系时，通常令点集 A 固定而令点集 B 平移，在平移下 Hausdorff 距离的最小值定义为

$$M_T(A,B) = \min_{t} H(A, B \oplus t) \tag{6-27}$$

这里，H 为前面定义的 Hausdorff 距离。$\oplus$是标准 Minkowski 求和符号（例如：$B \oplus t = \{b + t \mid b \in B\}$）。

从 Hausdorff 距离的定义可以得到：

$$H(A,B) = \max(h(A,B), h(B,A)) = \max(\max_{a \in A}\min_{b \in B} \| a - b \|, \max_{b \in B}\min_{a \in A} \| a - b \|) \tag{6-28}$$

如果定义 $d(x) = \min\limits_{b \in B} \| x - b \|$，$d'(x) = \min\limits_{a \in A} \| a - x \|$，则

$$H(A,B) = \max(\max_{a \in A} d(a), \max_{b \in B} d'(B)) \tag{6-29}$$

也就是说，$H(A,B)$可以通过对所有的 $a \in A$ 和 $b \in B$ 分别计算 $d(a)$和 $d'(b)$。$d(x)$的图形，即$\{(x,d(x)) \mid x \in R^2\}$被称为 Voronoi 表面。这个表面为每一个 x 给出了从 x 到最近的 $b \in B$ 的距离。点集 B 的 Voronoi 表面 $d(x)$也被称为距离变换，因为它给出了任意一点 x 到点集 B 中最近的点的距离。

平移下的 Hausdorff 距离为

$$\begin{aligned} H(A,B \oplus t) &= \max(\max_{a \in A}\min_{b \in B} \| a-(b+t) \|, \max_{b \in B}\min_{a \in A} \| a-(b+t) \|) \\ &= \max(\max_{a \in A}\min_{b \in B} \| (a-t)-b \|, \max_{b \in B}\min_{a \in A} \| a-(b+t) \|) \end{aligned} \tag{6-30}$$

也就是说，$H(A,B \oplus t)$就是点集 B 的 Voronoi 表面 $d(x)$和点集 A 的 Voronoi 表面 $d'(x)$的平移变换后的最大值。

对于每一个平移 t，将距离 $B \oplus t$ 的任意一点距离最远的 A 中的点的距离定义为

$$f_A(t) = h(A,B \oplus t) \tag{6-31}$$

其中，$h(\cdot,\cdot)$是有向 Hausdorff 距离。同理，可以定义：

$$f_B(t) = h(B \oplus t,A) \tag{6-32}$$

则 $H(A,B \oplus t)$就是这两个有向距离函数的最大值。即

$$\begin{aligned} f(t) &= \max(f_A(t),f_B(t)) \\ &= \max(\max_{a \in A} d(a-t), \max_{b \in B} d'(b+t)) \\ &= H(A,B \oplus t) \end{aligned} \tag{6-33}$$

其中，$H(\cdot,\cdot)$是前面定义的 Hausdorff 距离。也就是说，函数 $f(t)$定义了点集 A 和点集 B 之间的 Hausdorff 距离，是一个关于点集 B 的平移的函数。当点集 A 和点集 B 各有 p、q 个特征点并且 $\|\cdot\|$ 为 L_1、L_2 或 L_∞ 范数时，函数 $f(t)$的运算时间为 $O(pq(p+q)\log pq)$。当使用 L_1 或 L_∞ 范数时，运算时间可以改善到 $O(pq\log pq)$。

(2)改进的 Hausdorff 距离

Hausdorff 距离对由噪声和遮蔽所引起的图像质量的降低比较敏感，不能直接应用于存在遮蔽的图像。由于军事目标变形伪装，就是利用变形伪装装备对军事目标进行遮蔽。因此，对于变形伪装效果的检测，选用部分 Hausdorff 距离计算方法来适应变形伪装红外伪装效果检测的要求。

在进行图像配准和模式识别时，经常会遇到部分不可见的模板，这是由于退化或者传感器不能探测到整个目标而造成的。因此，需要将 Hausdorff 距离的定义扩展到对比部分目标的情况。这样，就可以对多个目标或者部分被遮挡的目标进行 Hausdorff 距离计算。Huttenlocher 等提出对存在严重遮挡和存在严重退化的图像时使用部分 Hausdorff 距离来计算。

可以很容易地将 Hausdorff 距离进行扩展来计算模板和图像之间的部分距离。为了简单，首先考虑点集 B 到点集 A 的有向 Hausdorff 距离 $h(B,A)$。计算 $h(B,A)$实际就是求模板 B 中的点距离图像 A 中任意一点的最远距离。

部分 Hausdorff 距离的有向距离定义为

$$h_K(B,A) = K^{th}_{b \in B} \min_{a \in A} \| a-b \| \tag{6-34}$$

其中，$K^{th}_{b\in B}$代表取距离集合中的第 K 个值。这第 K 个值 d 说明在模板点集 B 中有 K 个与图像点集 A 之间的距离值小于 d 的点（当 $K=q$ 时，所有点都被考虑在内，这时即为有向 Hausdorff 距离 $h(B,A)$）。

为了计算部分 Hausdorff 距离 $h_K(B,A)$，指定一个分数 $f_1\in[0,1]$ 来选取所要考虑的点集 B 中的点。点集 B 中 q 个点中的每一个点都被按照距离点集 A 中最近的点的距离值来进行排序。由式(6-34)给出的第 K 个距离值就是部分 Hausdorff 距离的有向距离，其中，$K=\lfloor f_1\times q\rfloor$，$\lfloor\ \rfloor$表示向下取整数。如果使用定义的标准方法计算，这第 K 个距离值的计算时间为 $O(q)$。

部分 Hausdorff 距离衡量的是模板的一部分和图像之间的差异，是模板图像点集合的 K 个点与图像点集之间的距离。这种方法的优点是它不需要预先指定模板的哪一部分和图像进行比较。这是因为有向 Hausdorff 距离是求模板上的每一个点与图像上的点的最小距离，然后自动选择模板上与图像上的点最接近的 K 个点。

双向部分 Hausdorff 距离定义为

$$H_{LK}(A,B)=\max(h_L(A,B),h_K(B,A)) \tag{6-35}$$

(3)距离变换

将二值图像转换成近似的距离图像的过程称为距离变换（distance transform，DT）。在距离变换后，特征点像素被赋以零值，非零像素点被赋以它与距离最近的特征点之间的距离值。如果使用真正的欧几里得距离会耗费大量的时间和内存。由于提取特征点会受到噪声影响，对于不精确的特征点不必进行精确的距离计算，所以进行距离变换时不必使用真正的欧几里得距离，只需使用它的合理近似即可。

Borgefors 提出了一种局部迭代的方法进行距离变换。它的基本思想是：在整幅图像上使用不断求取的局部距离（例如邻域像素之间的距离）代替图像中的全局距离。这种局部距离的不断求取可以通过串行和并行两种方式来完成。串行的距离变换被称为 chamfer 距离变换，通常使用 3×3 的邻域。在这 3×3 邻域中的两个距离是水平和垂直方向之间以及对角线方向上的距离。如果使用 2-3DT，与使用欧几里得距离的最大差异大约为 13%；如果使用 3-4DT，最大差异大约为 8%；如果使用街区距离，最大差异大约为 59%。可以很容易看出，3-4DT 比 2-3DT 和街区距离变换效果要好，因此采用 3-4DT。

3-4DT 的计算过程如下：

首先，将给定的二值特征图像进行初始化：特征点初始化为零，非特征点初始化为无穷大。

如果并行计算局部距离值，每个像素在每次迭代中都会依下式获得新值：

$$\begin{aligned}D(i,j)^k=\min[&D(i-1,j-1)^{k-1}+4,D(i-1,j)^{k-1}+3,\\&D(i-1,j+1)^{k-1}+4,D(i,j-1)^{k-1}+3,\\&D(i,j)^{k-1},D(i,j+1)^{k-1}+3,D(i+1,j-1)^{k-1}+4,\\&D(i+1,j)^{k-1}+3,D(i+1,j+1)^{k-1}+4]\end{aligned}$$

其中，$D(i,j)^k$ 表示在第 k 次迭代中 $M*N$ 的二值图像中像素点(i,j)到与其相距最近的特征点的距离。迭代进行直到数值没有变化为止。

串行 DT 算法包括两步，首先是从左到右、从上到下的前向变换过程，然后是从右到左、从下到上的后向变换过程。整个过程如下所示。

初始化：

```
for i = 1,2,…,M do
for j = 1,2,…,N do
      if (i,j)是特征点 then
        D(i,j) = 0.
      else
        D(i,j) = infinity(可用的最大值).
```

前向变换：

```
for i = 2,3,…,M do
for j = 2,3,…,N do
      D(i,j) = minimum(D(i-1,j-1)+4,D(i-1,j)+3,D(i-1,j+1)+4,D(i,j-1)+3,D(i,j)).
```

后向变换：

```
for i = M-1,M-2,…,1 do
for j = N-1,N-2,…,1 do
      D(i,j) = minimum(D(i,j),D(i,j+1)+3,D(i+1,j-1)+4,D(i+1,j)+3,D(i+1,j+1)+4).
```

(4)通过距离变换进行 Hausdorff 距离计算

Hausdorff 距离是一个关于平移(i,j)的函数，是两个有向距离 $F_A[x,y]$和 $F_B[x,y]$的最大值：

$$F[x,y] = \max(F_A[x,y],F_B[x,y]) \tag{6-36}$$

点集 A 和 B 的特征函数可以用二值序列 $A[i,j]$和 $B[i,j]$分别表示。对于两幅图像 A 和 B，用 $D'[x,y]$来表示 $A[i,j]$的距离变换，用 $D[x,y]$来表示 $B[i,j]$的距离变换。这样就可以通过逐点计算平移过的 D'和 D 的最大值来求 Hausdorff 距离。

在前面介绍过，$F_B[x,y]$可以被定义为被 B 中元素平移(x,y)后所选择的那些 $D'[x,y]$($A[k,l]$的距离变换)的最大值。换个角度考虑，它也可以看作 $D'[x,y]$平移至 $B[k,l]$取非零值的地方所取得的最大值：

$$F_B[x,y] = \max_{b\in B} D'[b_x + x, b_y + y] = \max_{k,l;B[k,l]=1} D'[k+x,l+y] \tag{6-37}$$

可以看出，式(6-37)实际上就相当于求 $B[k,l]$和 $D'[x,y]$对于某个给定的相对位置的乘积的最大值：

$$F_B[x,y] = \max_{k,l} B[k,l]D'[k+x,l+y] \tag{6-38}$$

同理，可以得到：

$$F_A[x,y] = \max_{a\in A} D[a_x - x, a_y - y] = \max_{k,l} A[k,l]D[k-x,l-y] \tag{6-39}$$

可以使用部分距离 $H_{LK}(A,B\oplus t)$来定义 $F[x,y]$来对部分模板和图像进行匹配。对于给定的平移量(x,y)和分数 f_1 和 f_2(分数 f_1 和 f_2 分别代表要考虑的非零的模板像素和图像像素占各自像素总数的比例)，令 $K = \lfloor f_1 q \rfloor$，$L = \lfloor f_2 p \rfloor$，则

$$F_B[x,y]=H_K(B\oplus t,A)=K^{th}_{b\in B}D'[b_x+x,b_y+y] \tag{6-40}$$

$$F_A[x,y]=H_L(A\oplus t,B)=L^{th}_{a\in A}D[a_x-x,a_y-y] \tag{6-41}$$

$$F[x,y]=H_{LK}(A,B\oplus t)=\max(F_A[x,y],F_B[x,y]) \tag{6-42}$$

当考虑图像与模板之间的部分 Hausdorff 距离时，模板通常要比图像小很多，只占图像很小的一部分。在这种情况下，上面这种定义方式对于计算从图像到模板的有向距离 $H_L(A,B\oplus t)$ 就不是很理想，因为必须要定义图像中接近模板像素的像素点数 L，而这个 L 取决于图像中有多少目标。

一个比较好的解决方法是只考虑图像中那些距离模板当前位置近的点，因为那些距离远的点有可能是其他目标的像点。事实上，只考虑那些在模板覆盖下的图像中的像素就已经足够了。如果模板大小为 $m\times n$ 的情况下计算 $F[x,y]$，计算 $F_A[x,y]$ 时只考虑图像中在模板位于 $B[k+x,l+y]$ 时覆盖下的点，即

$$F_A[x,y]=\underset{\substack{x\leqslant k<m+x \\ y\leqslant l<n+y}}{L^{th}}A[k,l]D[k-x,l-y] \tag{6-43}$$

其中，$L=\lfloor f_2 r\rfloor$，r 为模板在当前位置覆盖下的图像中的非零像素个数。

3. 综合伪装效果评价

采用部分 Hausdorff 距离检测与评价隐真伪装装备综合伪装效果的计算步骤如下。

(1)图像特征点提取

用 Harris 检测算子对军事目标伪装前后的图像进行特征点提取，从而获得军事目标图像的特征点集合。

(2)距离变换

Hausdorff 距离定义是从一般的数学定义出发的，真正的距离计算是相当耗费时间和资源的，因此需要合理简便的方法来近似。距离变换(DT)就是将二值图像转换为近似距离图像的一种运算，它能给出欧氏距离的合理近似。用3－4 DT 作为欧氏距离的合理近似，从而得到伪装前目标特征点集 A 和伪装后目标特征点集 B 的距离图像 $D'[x,y]$ 和 $D[x,y]$。

(3)计算目标伪装前后图像特征点集合之间的 Hausdorff 距离

在已得到的目标伪装前后图像特征点集合的距离图像上，计算出两特征点集合的 Hausdorff 距离。两者之间的距离越大，说明目标使用隐真装备伪装前的外形产生了明显变化，具有好的变形伪装效果。

6.1.2　基于图像特征相似度的评价方法

目标使用隐真伪装装备后与其相邻背景差别越小，它们就越相似，伪装效果越好，目标就越不易被发现和识别。通过计算目标使用隐真伪装装备后的图像与相邻背景图像之间的特征相似度，即目标伪装后图像与背景图像之间的相似度，可评价目标伪装后的伪装效果。

1. 模糊集 Minkowski 距离评价法

灰度图像可以作为模糊集合来看待，因此，计算图像中目标和背景的相似性问题可以

转换为求模糊集的相似性问题。采用了基于模糊集 Minkowski 距离的方法来计算模糊集的相似性,模糊集 A 和 B 之间的 Minkowski 距离越小,A 和 B 越相似。计算模糊集 A 和 B 相似度的公式为

$$S(A,B) = 1 - \left(\frac{1}{MN}\sum_{(x,y)\in X}|A(x,y) - B(x,y)|^r\right)^{\frac{1}{r}} \tag{6-44}$$

其中,$r\in N\backslash\{0\}$。

图 6-2 中标出了目标和其相邻的背景,矩形 O 所包围的图像为目标,矩形 $B_1 \sim B_8$ 所包围的图像为目标八邻域背景,目标图像与八邻域背景图像大小相同。要计算目标与其背景的相似性,就是要分别计算目标图像与其八邻域背景图像的相似性。

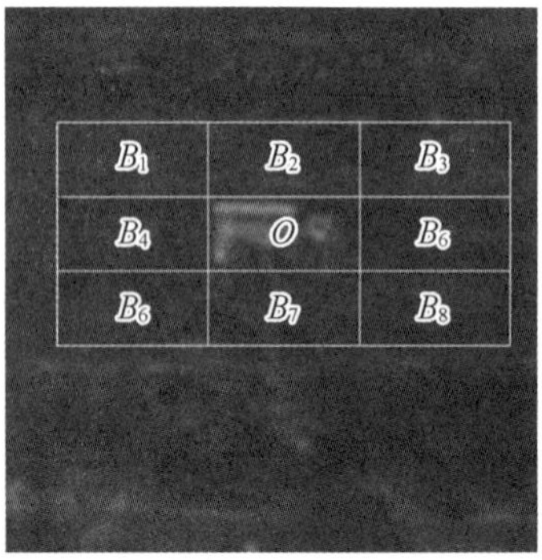

图 6-2 目标及其八邻域背景

为了能用基于模糊集的 Minkowski 距离来计算图像的相似性,首先把图像转换为模糊集合来表示。如果目标及其八邻域背景图像中亮度最高像素的灰度为 $\rho_{\max}$,最暗像素的灰度为 $\rho_{\min}$,则图像中坐标为(x,y)的像素点就可用隶属函数来表示:

$$\mu_{x,y}(\rho) = \frac{\rho - \rho_{\min}}{\rho_{\max} - \rho_{\min}} \tag{6-45}$$

ρ 为(x,y)像素点的灰度值,这样目标和背景的红外图像就可以用模糊集来表示了。由公式(6-45)可分别求出目标与其八邻域背景图像的相似度,再求平均值后就得到了目标与其相邻背景的相似度。

2. 灰度相似度评价法

假定数字图像中的灰度级总数为 L,第 k 级灰度的值为 r_k,图像中具有灰度级 r_k 的像素数目为 n_k,图像中的像素总数为 n,则该数字图像中灰度级 r_k 的像素出现的概率(频数)为

$$p_r(r_k) = \frac{n_k}{n}(0 \leqslant r_k \leqslant 1; k = 0,1,\cdots,L-1) \tag{6-46}$$

式中,$p_r(r_k)$对 r_k 的图形为这幅数字图像的直方图。

设 p_{r1} 为伪装后目标图像灰度直方图,p_{r2} 为背景图像灰度直方图。可以定义相似度 D_g 为

$$D_g = -\ln\left[\int_0^{L-1}\sqrt{p_{r1}(r)p_{r2}(r)}\,dr\right] = -\ln\left[\sqrt{\prod_{r\in[0,L-1]} p_{r1}(r)p_{r2}(r)}\right] \tag{6-47}$$

D_g 表示伪装后目标图像与背景图像灰度直方图的差异尺度，若 $D_g=0$，则两者分布完全一致，即目标灰度特征与背景灰度特征相同，伪装效果达到最佳；若 D_g 越大，则目标与背景灰度特征相差越大，伪装效果越差。

3. 纹理相似度评价方法

纹理评价是一个相当复杂的问题，从纹理的概念到测量都包含着很多不确定性，而该伪装效果评估模型是建立在人眼判读基础上，因此纹理分析从人眼视觉系统理论出发，结合现代数学工具和信号处理技术讨论纹理的评价方法，进而确定客观量化纹理差别的算法。

纹理具有不依赖于颜色或亮度即可反映图像中同质现象的特点，因此是一种表达影像的很好特征。它由数字图像中许多相互接近的、互相编织的具有某种关系的元素构成，可用于描述图像各元素（像素）灰度的空间分布模式。实施侦察从本质上讲就是通过人眼的判读获得目标区与背景区在图像纹理特征上差别，当这种差别达到一定的程度，目标区就可以从背景区中被分离出来，目标被发现或识别；反之，由于目标区与背景区的差别较小，目标区难以与背景区分离，目标区难以被发现或识别。图像纹理特征的提取方法很多，本节主要介绍与人眼生理视觉模型基本吻合的 Gabor 小波纹理特征量化和相似度计算方法，具体流程如图 6 - 3 所示。

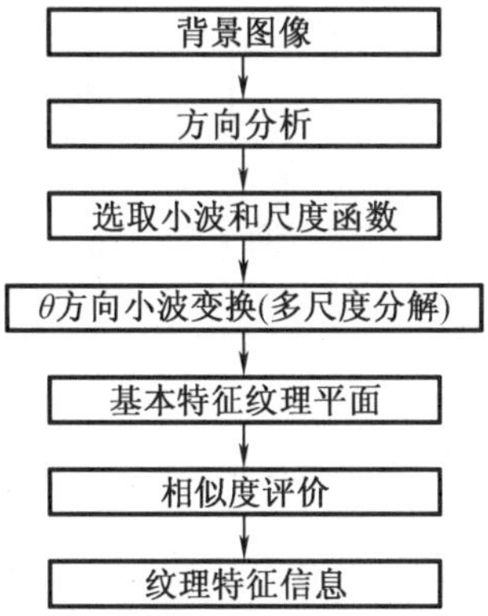

图 6 - 3 Gabor 小波纹理分析流程图

（1）基于视觉原理的 Gabor 纹理检测器

根据视觉皮层试验，设计 Gabor 纹理检测器，取 Gabor 函数 $g(x,y)$ 为

$$g(x,y)=\exp\left\{-\frac{1}{2}\left[\frac{(x-x_0)^2}{\lambda^2\sigma^2}+\frac{(y-y_0)^2}{\sigma^2}\right]\right\}\cdot\sin(2\pi f(x\cos\theta-y\sin\theta)+\varphi) \tag{6-48}$$

式中　(x_0, y_0)——Gaussian 函数中心位置；

σ——Gaussian 函数宽度；

θ——纹理检测向；

φ——相位移(phase shift)；

λ——Gaussian 纵横比，测量滤波器对称性度量。

纹理检测器参数的选取原则如下。

①令 $\varphi = 0, \frac{\pi}{2}$，即取相位相互正交的一对 2—D Gabor 纹理检测器(复数 2—D Gabor 函数的实部和需部)为检测算子，分别称为偶对称(余弦调制)和反对称(正弦调制)操作算子，用两个相值是为了顾及纹理的相位信息。

②令 $\lambda = 0.6$，为生理学在猫视觉皮层试验平均值。

③根据生理学试验结果，一般取带宽 $B = 1.3 \sim 1.5$ 倍频程。

如图 6-4 所示，大多数简单细胞的倾率调制曲线在其最优空间频率 f_0 处具有最大的响应，而在 f_0 的两边则单调下降，一般定义带宽为

$$B = \log_2(f_u/f_l) \tag{6-49}$$

式中，f_u，f_v 为当细胞响应为最大响应峰值的一半时，所对应的上、下界频率。

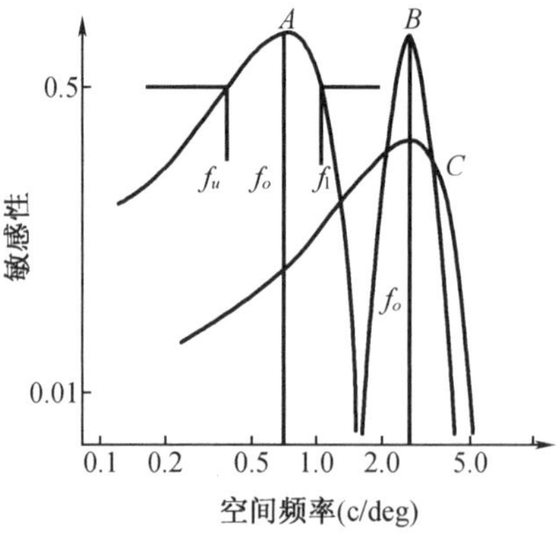

曲线 A：$\sigma = 0.60$，$f_0 = 0.67$ c/deg(中值带宽)；曲线 B：$\sigma = 0.60$，$f_0 = 2.5$ c/deg(窄带宽)；

曲线 C：$\sigma = 0.60$，$f_0 = 2.5$ c/deg(中值带宽)。

图 6-4　视皮层简单细胞频率调制曲线

按照生理学实验结果，当细胞的响应为响应峰值的一半时，有

$$\frac{f_u}{f_l} = 1 \pm \frac{\sqrt{\ln 2/2}}{\pi R}, R = \sigma f_0 \tag{6-50}$$

其中，f_0 为中心频率。

因此有

$$B = \log_2(f_u/f_l) = \log_2[(1 + 0.1874/\sigma_y f_0)(1 - 0.1874/\sigma_y f_0)] \tag{6-51}$$

现在，有了纹理检测器的函数表示，我们就可以基于纹理检测器，设计与人类视皮层处理机制相一致的基于小波的纹理分析方法。

以 $g(x,y)$ 为母小波，则通过对 $g(x,y)$ 进行适当尺度变换和旋转变换，就可得到自相似的一组滤波器，称为 Gabor 小波。

$$g_{mn}(x,y)=a^{-m}g(x',y'),a>1,m,n\in Z \tag{6-52}$$

其中，$x'=a^{-m}(x\cos\theta+y\sin\theta)$，$y'=a^{-m}(-x\cos\theta+y\sin\theta)$，$\theta=n\pi/K$，$K$ 表示总的方向数目（$n\in[0,K]$），a^{-m}（$m\in[0,S]$）为尺度因子，S 为图像尺度，大小为 N 的图像，尺度的大小一般为 $\log_2(N/2)$，在上式中用来保持其总的能量与 m 无关。通过改变 m 和 n 的值，便可以得到一组方向和尺度都不同的滤波器簇。

为了减少滤波器响应对冲激响应的敏感性，可以给 Gabor 滤波器的实部加上一个常量，使它的均值为零（即 $G(0,0)=0$），以 256×256 的图像为例，尺度 $S=7$，总方向数目 $K=4$，便得到了 28 个不同的 Gabor 滤波器，这样便构成了一个滤波器簇。每一个滤波器都具有各自的频率选择和主向选择特性，因此可以获得不同的纹理特征。

给定一幅图像 $I(x,y)$，它的 Gabor 小波变换可以定义为

$$w_{mn}(x,y)=\iint I(x,y)g_{mn}^{*}(x-x_1,y-y_1)\mathrm{d}x_1\mathrm{d}y_1 \tag{6-53}$$

这里，* 代表取其共轭复数。图像进行小波变换后，取变换后的图像的模值来作为图像的纹理特征，$|\cdot|$ 为模运算。

$$M_{mn}(x,y)=|w_{mn}(x,y)| \tag{6-54}$$

（2）滤波器选择

图像经过 Gabor 小波族处理和量化后，得到 28 个“纹理特征”，会产生“维数危机”的问题。因此需要进行滤波器选择，对产生后的特征图像进一步处理以得到能够反映图像主要纹理的特征，且使特征数据得到较大的压缩。因此，选择小波方向和小波尺度两个因素来确定 Gabor 小波算法和纹理特征量。

①小波方向选择。

对于每个像素，在特定的尺度，计算出其平均纹理特征。

$$T_{mn}(x,y)=\frac{1}{\sigma_{mn}^{2}}\sum_{(a,b)\in W_{xy}}G_{mn}(a,b) \tag{6-55}$$

式中，W_{xy} 为像素点 (x,y) 所确定的窗口，其窗口大小为 σ_{mn}^2，σ_{mn}^2 为 Gabor 小波的半高度。对于特定的尺度（$m=0,1,\cdots,S-1$）在每个方向上计算 $T(x,y)$，找出 $T(x,y)$ 为最大值时的方向 θ_m，对于 S 个尺度，就得到 S 个 θ_m 值，把 θ_m 中出现次数最多的方向作为小波方向，也即是该像素所在区域内纹理的主方向，记为 $\theta(x,y)$，这时对于每个像素也就可以确定 n 的取值，n 即为小波的方向，设为 $n(x,y)$，因此 θ,n 可看作为定值。这里的参数以背景图像为模版来确定。

②小波尺度选择。

采用著名的 Mallat 多分辨分析算法和二进制小波，选取 $a=2$。尺度 $m=1$，可较好地识别出各种纹理。

像素点 (x,y) 处的极性定义如下：

$$P=\frac{|E_{+}-E_{-}|}{E_{+}+E_{-}} \tag{6-56}$$

其中，$E_{+} = \sum_{(a,b)\in W_{xy}}[\theta(a,b)]_{+}$，$E_{-} = \sum_{(a,b)\in W_{xy}}[\theta(a,b)]_{-}$。

式中，$\theta(a,b)$为对于特定的尺度，像素点(a,b)的主方向（$\theta(a,b)$的值由小波方向选择确定），如果$\theta(a,b)$与θ方向相同，则$[q]_{+}=1$、$[q]_{-}=0$；否则若$\theta(a,b)$与θ方向不一致，则$[q]_{+}=0$、$[q]_{-}=1$。E_{+}、E_{-}可以理解为在W_{mn}中与θ方向相同和不一致的像素的数目。p就可以理解为在一个区域W_{mn}内所有像素点指向θ方向的程度。p的值介于0到1之间，它反映了在一定的尺度下，图像局部区域像素排列的性质。

在滤波器选择后，对于一个像素在尺度2^1下，得到两个特征：极性p以及平均纹理值$T(x,y)$，即对于一个像素提取出了2个特征(p,T)，此向量就构成了图像的纹理特征。由于纹理体现的是图像的整体特征，从而，可以将图像中的所有像素点的特征值归一化。即可表示图像的整体纹理特征向量(p^1,T^1)。

$$p^1 = \frac{p}{\sum_{(x,y)\in(A,B)} p(x,y)} T^1 = \frac{T}{\sum_{(x,y)\in\Omega} T(x,y)} \tag{6-57}$$

式中，Ω表示整个图像。

在此基础上，可以采用Bhattacharyaa距离定义纹理相似度，考虑背景图像$f(x,y)$和伪装后目标图像$g(x,y)$经过Gabor小波分解分别得到两者的纹理特征向量(p_b,T_b)和(p_o,T_o)，定义两幅图的纹理相似度：

$$\begin{aligned} D_t &= -\ln\left[\int_0^{A-1}\int_0^{B-1}\sqrt{p_b(x,y)p_o(x,y)}\,\mathrm{d}x\mathrm{d}y\right] - \ln\left[\int_0^{A-1}\int_0^{B-1}\sqrt{T_b(x,y)T_o(x,y)}\,\mathrm{d}x\mathrm{d}y\right] \\ &= -\ln\left[\sqrt{\prod_{x\in[0,A-1]}\prod_{y\in[0,B-1]} p_b(x,y)p_o(x,y)}\right] - \ln\left[\sqrt{\prod_{x\in[0,A-1]}\prod_{y\in[0,B-1]} T_b(x,y)T_o(x,y)}\right] \end{aligned} \tag{6-58}$$

式中，D_t表示伪装后目标图像与背景图像纹理的差异尺度，若$D_t=0$，则两者分布完全一致，即目标纹理特征与背景纹理特征相同，伪装效果达到最佳；若D_t越大，则目标与背景纹理特征相差越大，伪装效果越差。

6.2 假目标示假效果评价方法

6.2.1 基于特征点集的示假效果评价方法

假目标的示假效果的好坏是由真、假目标的相似程度决定的，通俗地讲，假目标与真目标越像，则假目标的示假效果越好。基于特征点集的假目标示假效果评价方法，主要是通过提取真、假目标图像中的特征点，形成特征点集合，通过计算真、假目标特征点集合之间Hausdorff距离，作为评价真、假目标图像相似性的测度。两特征点集合之间的距离越小，说明真、假目标图像的相似性越好，即假目标越像真目标，则假目标的示假效果越好。

计算真、假目标图像特征点集合Hausdorff距离的过程是一个模板匹配的过程。图像的特征点集合构成二值图像。真目标图像特征点集合构成的二值图像作为模板，假目标图像特征点集合构成的二值图像作为待配准图像，或相反。模板图像在待配准图像上逐行逐列滑动，计算出每个位置两图像重合部分有效点所构成集合的 Hausdorff 距离，以该距离值最小时为最佳配准位置，该最小距离即为真、假目标图像特征点集之间的 Hausdorff 距离。由于计算特征点集合 Hausdorff 距离，计算效率低，随着图像大小的增加，耗时会增加很多。为了提高计算效率，可应用小波多尺度图像分解算法，把真、假目标的图像分解为高频分量和低频分量，并利用特征点提取算子提取高、低频分量的特征点，从而得到图像特征点集合数据分层结构。用改进的 Hausdorff 距离，通过距离变换的计算方法，采取邻域排除、扫描终止和前向跳跃等算法，从低分辨率到高分辨率，逐层的计算图像特征点集合之间的 Hausdorff 距离，从而大大提高了计算效率。

1. 基于小波变换的图像分解

小波变换是当前应用数学中一个迅速发展的领域，是分析和处理非平稳信号的一种有力工具。它是以局部函数所形成的小波基作为基底而展开的，具有许多特殊的性能和优点。经过十几年的发展，它已在信号处理与分析、图像处理与分析等多个领域取得了突破性进展，成为一个研究开发的热点。

小波分析是时间和频率的局域变换，被誉为“数学显微镜”。它能有效地从信号中提取信息，通过伸缩和平移等运算功能对函数或信号进行多尺度细节分析，其良好的时频特性已经在信号处理领域得到了广泛应用。小波分析是一种信号的时间—频率分析方法，它具有多分辨率分析的特点，能够同时在时间域和频率域表示信号的局部特征。它对信号的低频部分具有较高的频率分辨率和较低的时间分辨率；对信号的高频部分具有较高的时间分辨率和较低的频率分辨率，这是与信号的特点相适应的，能够有效地从信号中提取信息。实践证明，基于小波理论的信号多尺度分析用于配准更符合人类的视觉机理，与计算机视觉中由粗到精的认识过程十分相似，更适合图像信息的变换处理。

小波变换后，图像在尺度空间基本保持图像整体特征，即低频部分。且经抽样后，尺度空间部分相对于原图，数据量明显减少。如先在尺度空间上对匹配图像的低频部分做匹配算法，进而将低频部分的计算结果引入高分辨率图像，这样就可以提高运算速度。

(1)离散小波变换

设 $\psi(x)\in L^2(R)$，其傅里叶变换为 $\hat{\psi}(\omega)$，且满足如下的容许条件：

$$C_\psi = \int_{-\infty}^{+\infty} \frac{|\hat{\psi}(\omega)|^2}{|\omega|} \mathrm{d}w < \infty \tag{6-59}$$

则对于 $f(x)\in L^2(R)$，其连续小波变换定义为

$$WT_f(a,b) = \frac{1}{\sqrt{|a|}}\int_{-\infty}^{+\infty} f(x)\psi^*\left(\frac{x-b}{a}\right)\mathrm{d}x = \langle f(x),\psi_{a,b}(x)\rangle \tag{6-60}$$

式中，a 称为尺度因子，b 称为位移因子。

$$\psi_{a,b}(x) = \frac{1}{\sqrt{|a|}}\psi\left(\frac{x-b}{a}\right) \tag{6-61}$$

式中，$\psi(x)$称为小波母函数或小波基函数。将 $\psi(x)$经伸缩和平移之后生成的一族函数

$\{\psi_{a,b}(x)=a^{-\frac{1}{2}}\psi(\frac{x-b}{a}),a>0,b\in R\}$统称为小波。

由于计算机处理的大都是一些离散的数据，因此对连续的小波变换进行离散化处理非常必要。对连续小波母函数$\frac{1}{\sqrt{a}}\psi(\frac{x-b}{a})$的参数$a$、$b$分别进行离散化，取$a=a_0^m$和$b=nb_0a_0^m$，可以得到离散小波变换的定义。

若$\psi(t)$为满足允许条件的一个母小波，$f(t)\in L^2(R)$，则其离散小波变换为

$$DWT_f(m,n)=a_0^{-\frac{m}{2}}\psi(a_0^{-m}t-mb_0) \tag{6-62}$$

式中，a_0称为伸缩步长，$a_0>1$，b_0称为平移步长，$b_0>1$，a_0、b_0均为整数。

Daubechies 研究了离散小波变换的可逆条件，当取$a_0=2$，$b_0=1$时，选择适当的$\psi(t)$可以构成一组正交基，相应的小波变换为

$$W_f(m,n)=2^{-\frac{m}{2}}\int_{-\infty}^{+\infty}f(t)\psi^*(2^{-m}t-n)dt \tag{6-63}$$

式(6-63)称为离散二进制小波变换，在正交小波的条件下，任何一个信号$f(t)$可以完全由这些小波变换系数$W_f(m,n)$重构，即

$$f(t)=\sum_{m,n}W_f(m,n)2^{-\frac{m}{2}}\psi(2^{-m}t-n)=\sum_{m,n}\langle f(t),\psi_{mn}(t)\rangle\psi_{mn}(t) \tag{6-64}$$

(2)几种常用的小波函数

①Harr 小波。

Harr 小波是由数学家 A. Harr 在 20 世纪 30 年代提出的。所谓 Harr 系是指由母函数(6-65)生成的：

$$\psi(t)=\begin{cases}1 & 0\leqslant t\leqslant 1/2\\ -1 & 1/2\leqslant t\leqslant 1\\ 0 & \text{others}\end{cases} \tag{6-65}$$

Harr 小波是目前所有已知小波中最简单的小波。另外，Harr 小波关于t是正交的。

②Morlet 小波。

Morlet 小波是最常用的复值小波。其表达式为

$$\varphi(t)=\pi^{-\frac{1}{4}}(e^{-i\omega_0 t}-e^{-\frac{\omega_0^2}{2}})e^{-\frac{t^2}{2}} \tag{6-66}$$

Morlet 小波经常应用在地球物理过程和湍流的分析研究当中，并有一些成功的例子。

③Mexico 草帽小波。

Mexico 草帽小波是实值小波，其普遍形式是由 Gauss 分布的m阶导数给出，即

$$\psi_m(t)=(-1)^m\frac{d^m}{dt^m}(e^{-\frac{|x|^2}{2}}) \tag{6-67}$$

Mexico 草帽小波主要应用于计算机视觉研究，视觉信息加工研究和图像边缘检测与平滑方面，其中应用最广泛的 Mexico 小波是 Gauss 函数$e^{-\frac{t^2}{2}}$的二阶导数，即相当于式(6-67)中$m=2$的情形。而且它的n维形式是各向同性的，所以它并不能检测信号的不同方向。它也被称为 Marr 小波。

④Daubechies 小波。

由 $H(\omega)$ 和 Riesz 定理给出的小波基函数 Daubechies 紧支集小波对应的尺度函数和小波函数分别为

$$\varphi(t) = \sqrt{2}\sum_{n=0}^{2N-1} h_n\varphi(2t-n) \tag{6-68}$$

$$\psi(t) = \sqrt{2}\sum_{n=0}^{2N-1} g_n\varphi(2t-n) \tag{6-69}$$

式中，$g_n=(-1)^n h_{2N-n-1}$，$n=0,1,\cdots,2N-1$。

当 $N=2$ 时，Daubechies 滤波函数 $H(\omega)$ 的解析表达式为

$$H(\omega) = \frac{1}{2}\left(\frac{1+e^{-j\omega}}{2}\right)^2\left[(1\pm\sqrt{3})+(1\mp\sqrt{3}e^{-j\omega})\right] = \frac{1}{2}\sum_{n=0}^{3}h_n e^{-j\omega} \tag{6-70}$$

(3)小波基的选取

在选择小波基的时候，应尽量满足以下要求。

①本算法是利用小波变换的低频图像来搜寻待匹配的候选点集，所以在低频图像中需要尽可能多地保留原始图像的有用信息，尤其是原始图像的边缘、线段等灰度变化剧烈的地方，否则可能造成失匹配或误匹配。

②为了便于实现，小波变换的计算公式应尽量简化。

以上两个要求在某种程度上有矛盾之处，因此必须加以权衡，找到一个最佳的结合点。在正交小波变换中，最简单的小波基函数是 Harr 小波，但是 Harr 小波分解的低频图像其实是对上一尺度的低频图像求平均得到的，图像的边缘信息损失较严重，而且 Harr 小波是不连续的，频域局部性差，结构简单，常用于理论研究中；Daubichies 小波可以很好地保留低频信息，对非平稳信号的灵敏性有很好的应用，而且具有正交、时频紧支撑、高正规性和具有 Mallat 快速算法等特点，是一种很不错的小波基函数。

(4)基于小波变换的图像分解

小波变换的意义在于只要使用的小波函数尺度合适，就可以在任意尺度上观察信号。应用小波变换可以将信号分解为近似分量和细节分量，即低频分量和高频分量。原始图像经过二维小波变换可得到图像的近似分量和细节分量。这样两幅图像相似性的计算，可以从低分辨率的近似分量开始，并把计算结果引入细节分量。这种分层结构的计算方法，可大大提高计算效率。

由一维小波变换可以推广到二维小波变换。由于图像的变换是单向的，因此可以认为二维多分辨分析的尺度函数是可分离的，即

$$\varphi(x,y)=\varphi(x)\varphi(y) \tag{6-71}$$

这里 $\varphi(x)$ 是一维多分辨分析的尺度函数。

2. 示假效果评价

对于假目标示假性能的检测，由于真、假目标在检测假目标示假性能时不存在遮蔽问题，要求更准确的图像配准，尽力去除真、假目标特征点以外的特征点的干扰。因此，对于假目标示假性能的检测，选用基于 LTS（Least trimmed squares）理论的鲁棒的 Hausdorff 计算

方法来适应假目标示假性能检测的要求。

有向距离 $h_{LTS}(A,B)$ 用距离序列的线性组合来定义：

$$h_{LTS}(A,B)=\frac{1}{H}\sum_{i=1}^{H}\rho(d_B(a)_{(i)}) \tag{6-72}$$

式中 $d_B(x)_{(i)}$ 表示序列 $(d_B(x)_{(1)}\leqslant d_B(x)_{(2)}\leqslant\cdots\leqslant d_B(x)_{(N_A)})$ 的第 i 个值。代价函数 ρ 定义为

$$\rho(x)=\begin{cases}|x| & |x|\leqslant\tau\\ \tau & |x|>\tau\end{cases} \tag{6-73}$$

这里 τ 是去除外部点的阈值，这样可以有效的选择目标的特征点集，而去除提取得到的特征点集中的非目标部分，从而满足了假目标示假效果评价的要求。$H=\lfloor h\times N_A\rfloor$，$h$ 是一个参数，$0\leqslant h\leqslant1$，它的取值取决于物体被遮挡的程度。所以，即使物体被遮挡或图像因噪声而退化，该方法也能产生比较好的结果。本书所采用的这个算法比传统方法效率更高。由于嵌入了求平均运算，该算法对参数（如 h）的变化也不太敏感。

采用小波分解和改进 Hausdorff 距离算法计算真、假目标图像相似性，两者之间越相似，则假目标的示假效果越好，计算步骤包括：

（1）图像的小波分解和特征点提取

用离散小波变换将原始真、假目标的图像分解为一系列子图像，并对每个子图像用 Harris 检测算子进行特征点提取，从而获得真、假目标子图像特征点集。在提取特征点的过程中，对于给定的阈值，响应函数值 $|R|$ 高于阈值的像素点就被认为是特征点。对于不同层的子图像，所取的阈值也因子图像直方图分布的不同而改变。

（2）距离变换

Hausdorff 距离定义是从一般的数学定义出发的，真正的距离计算是相当耗费时间和资源的，因此需要合理简便的方法来近似。距离变换（DT）就是将二值图像转换为近似距离图像的一种运算，它能给出欧氏距离的合理近似。用 3－4 DT 作为欧氏距离的合理近似，从而得到真目标特征点集 A 和假目标特征点集 B 的距离图像 $D'[x,y]$ 和 $D[x,y]$。

（3）计算真、假目标图像特征点集之间的 Hausdorff 距离

在已得到的真、假目标特征点集的距离图像上，取合适的参数，计算出真、假目标特征点集的 Hausdorff 距离，从而确定两者之间的相似程度。

距离变换和特征点集之间的 Hausdorff 距离计算从低分辨率子图像的特征点集开始，如果计算结果不理想，就将低分辨率子图像的计算结果引入高阶分辨率的子图像，直到得到满意的计算结果为止。

（4）计算结果分析

图 6－5（a）为某型飞机的红外图像，图 6－5（b）～（d）为其不同相似程度假目标的红外图像，表 6－1 给出了经上述算法计算后的实验结果，HD 表示真、假军事目标红外图像特征点集之间的 Hausdorff 距离，即图 6－5（a）与图 6－5（b）～（d）特征点集之间的距离。数值越大，说明假目标与真目标红外图像之间的差别越大；数值越小，说明真、假目标红外图像之间的差距越小，真、假目标红外图像越相似。表中第一行数据为原始图像特征点集之间

的 HD,第二行数据为一级小波分解近似分量特征点集之间的 HD,第三行数据为二级小波分解近似分量特征点集之间的 HD,第四行数据为三级小波分解近似分量特征点集之间的 HD。四组实验所取 τ 值为 10,h 值为 0.8,特征点数由上到下依次为 256,64,16,4。从原始图像、一级小波变换和二级小波变换的计算结果相近可以直接看出:图 6－5 (b)所示假目标的红外图像与真目标的红外图像最相似,图 6－5 (c)次之,图 6－5 (d)所示假目标的红外图像与图 6－5 (a)差别最大。三级小波变换由于所取特征点数目过少,不能准确代表原始图像的主要特征,致使计算结果出现偏差。

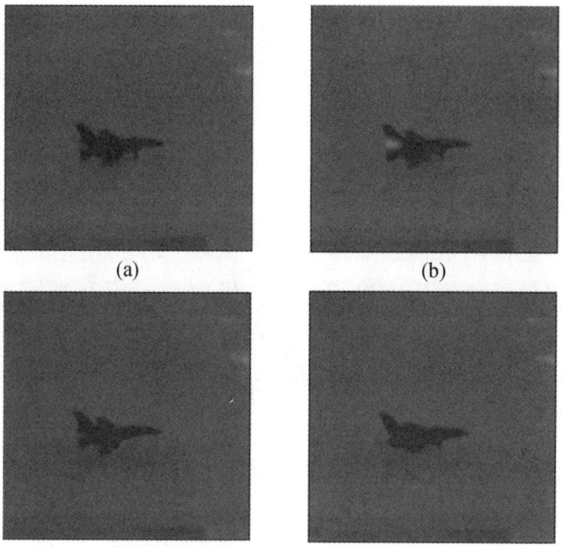

(a)　(b)　(c)　(d)

图 6－5　某型飞机及其假目标

表 6－1　真、假目标红外图像特征点集之间的 Hausdorff 距离

Picture	Fig. (b)	Fig. (c)	Fig(d)
原始图像 HD	1.375	3.238	3.783
一级小波变换近似分量 HD	3.208	3.286	4.913
二级小波变换近似分量 HD	0.700	1.600	3.091
三级小波变换近似分量 HD	1.000	2.667	2.333

6.2.2　基于图像特征相似度的评价方法

1. **特征提取**

图像特征是指图像的原有特性或属性。其中有些是视觉直接可以感受到的自然特征,如区域的亮度、边缘的轮廓、纹理或色彩等;有些则是需要通过变换或计算才能得到的人为定义的特征,如直方图、矩等。图像分割后,就可以只针对目标进行特征提取。

侦察图像一般是黑白图像，主要通过像素灰度值反映地物反射或辐射电磁波的强度，图像中灰度特征可以提取最大灰度值、图像熵和灰度标准偏差三个特征量。

形状特征是图像的核心特征之一，也是人类视觉系统进行物体识别时所认识的关键信息之一。图像的形状信息不随图像的颜色或灰度变化而变化，是物体稳定的特征，它反映了图像中目标的几何物理特性。对形状特征描述的重要准则是要求具有良好的平移、旋转、尺度不变性。图像的几何特征很多，选取细长度、紧致度、扁度和 NMI（Normalized Moment of Inertia）为示假效果评价的主要图像形状特征量。

纹理特征能够很好地兼顾图像的宏观结构与微观结构两个方面，是一种不依赖于亮度而反映图像中同质现象的视觉特征。它是所有物体表面共有的内在特性，例如云彩、树木、砖、织物等都有各自的纹理特征。纹理特征包含了物体表面结构组织排列的重要信息以及它们与周围环境的联系。所以纹理特征是红外图像的主要特征之一，也是检测和评价假目标示假效果的主要技术指标之一。纹理特征的统计和描述量很多，选用 Tamura 纹理特征的三个分量：粗糙度（coarseness）、对比度（contrast）、方向性（directionality）来表征图像的纹理特征量。灰度共生矩阵也常用来描述图像纹理特征。

以假目标红外示假效果评价为例进行介绍。提取假目标红外图像的灰度特征、形状特征和纹理特征，形成特征矢量，通过设定一定的权重来进行综合特征对比，计算出特征矢量之间的距离值作为评价假目标红外示假效果的评价指标。

（1）灰度特征

①最大灰度（Maximum Brightness）。

目标像素点的最大灰度值，即目标最亮点的灰度值。目标最大亮点是衡量目标最大辐射温度的依据。

在相同试验条件下，一般认为对于红外伪装效果的评价，伪装后目标的红外辐射特征应与其周围背景相一致，则伪装后目标红外图像的最大亮度不应超过其背景红外图像的最大亮度，并且两者之差应限制在一个合理阈值范围内，即

$$0 \leqslant B_{g\max} - CO_{\max} \leqslant T_C \tag{6-74}$$

式中　$CO_{g\max}$——伪装后目标红外图像的最大亮度；

$B_{g\max}$——伪装后目标背景红外图像的最大亮度；

T_C——伪装后目标与其相邻背景红外图像中像素最大亮度差阈值。

而对于红外示假效果的评价，假目标红外图像的最大亮度一般不应低于真目标红外图像的最大亮度，并且两者之差也应限制在一个合理的阈值范围之内。

对于假目标红外示假效果的评价：

$$0 \leqslant D_{g\max} - O_{g\max} \leqslant T_D \tag{6-75}$$

式中　$D_{g\max}$——假目标红外图像的最大亮度；

$O_{g\max}$——真目标红外图像的最大亮度；

T_D——假目标与真目标红外图像中像素最大亮度差阈值。

②标准偏差（Standard Deviation）。

红外图像灰度值的标准偏差定义为：设红外图像像素点个数为 M，像素灰度为 f_i（$i=1$，

$2,\cdots,M$)则像素的灰度均值为

$$\bar{f}=\frac{1}{M}\sum_{i=1}^{M}f_i \tag{6-76}$$

则像素灰度的标准偏差为

$$S=\sqrt{\frac{1}{M-1}\sum_{i=1}^{M}(f_i-\bar{f})^2} \tag{6-77}$$

③图像熵。

图像的熵是衡量图像信息丰富程度的一个重要指标。有许多图像分割算法借助了求熵极值的方式,如最大后验熵法,最小熵相关法,条件熵法等。

如果 X 是一个离散型随机变量,其概率分布为:$p(x)=P(X=x),x\in X$。X 的熵 $H(X)$ 为

$$H(X)=-\sum_{x\in X}p(x)\log_2 p(x) \tag{6-78}$$

其中,$0\log 0=0$。

熵又称为自信息(self-information),表示信源 X 每发一个符号(不论发什么符号)所提供的平均信息量。熵也可以被视为描述一个随机变量的不确定性的数量。一个随机变量的熵越大,它的不确定性越大。那么,正确估计其值的可能性就越小。由于人类视觉的各个层次均有一定的模糊性和随机性,许多图像的分析和处理利用熵概念以描述这些模糊性和随机性。

为了将香农在信息论中定义的熵概念应用于图像信号处理领域,则需要明确图像熵的定义。假定图像函数具有非负性,即 $f(x,y)>0$,对于一幅 $M\times N$ 大小的图像,则图像的熵定义为

$$H_f=-\sum_{i=1}^{M}\sum_{j=1}^{N}p_{ij}\log p_{ij} \tag{6-79}$$

其中,

$$p_{ij}=\frac{f(i,j)}{\sum_{i=1}^{M}\sum_{j=1}^{N}f(i,j)} \tag{6-80}$$

(2)形状特征

形状特征是图像的核心特征之一,也是人眼视觉系统进行物体识别时所认识的关键信息之一。图像的形状信息不随图像的颜色或灰度变化而变化,是物体稳定的特征。对形状特征描述的重要准则是要求具有良好的平移、旋转、尺度不变性。通常来说,形状特征有两种表示方法:一种是轮廓特征的,一种是区域特征的。前者只用到物体的外边界,而后者则关系到整个形状区域。形状特征提取的典型方法有:几何参数法、不变矩法、边缘方向直方图法、小波重要系数法、切线空间法、隐马尔可夫法、基于权重学习的方法等。

针对军事目标红外图像的特点选取以下几个形状特征量。

①紧致度。

紧致度也称为形状复杂度,是目标周长的平方与目标面积的比值,用 C 表示。即

$$C=\frac{L^2}{S} \tag{6-81}$$

式中，L 为目标周长，是边缘像素的总个数，提取目标轮廓后即可统计得到。S 为目标面积，可以通过统计目标区域内的像素点数得到。这个比值越小，表明单位面积的周长越小，即紧致度越好，形状简单；反之，则说明区域离散，紧致度差，形状复杂。

②扁度。

$$e=\frac{M_{20}+M_{02}+\sqrt{(M_{20}-M_{02})^2+4M_{11}^2}}{M_{20}+M_{02}-\sqrt{(M_{20}-M_{02})^2+4M_{11}^2}} \tag{6-82}$$

式中，$\boldsymbol{M}_{pq}$ 为 $(p+q)$ 阶矩。对于一幅 $\boldsymbol{M}\times\boldsymbol{N}$ 的图像 $f(x,y)$，其 $(p+q)$ 阶矩定义为

$$\boldsymbol{M}_{pq}=\sum_{x=0}^{M}\sum_{y=0}^{N}f(x,y)x^p y^q \tag{6-83}$$

③NMI 特征。

NMI(normalized moment of inertia)特征识别是以计算图像的归一化转动惯量为不变特征进行目标识别的方法。根据物理上重心的概念，定义灰度图像 $f(x,y)$ 的质心 (x_c,y_c) 如下：

$$x_c=\frac{\sum_{x=1}^{M}\sum_{y=1}^{N}x\cdot f(x,y)}{\sum_{x=1}^{M}\sum_{y=1}^{N}f(x,y)} \tag{6-84}$$

$$y_c=\frac{\sum_{x=1}^{M}\sum_{y=1}^{N}y\cdot f(x,y)}{\sum_{x=1}^{M}\sum_{y=1}^{N}f(x,y)} \tag{6-85}$$

式中，质心 (x_c,y_c) 代表图像灰度的重心。

图像围绕质心 (x_c,y_c) 的转动惯量记为 $J_{(x_c,y_c)}$：

$$\begin{aligned}J_{(x_c,y_c)}&=\sum_{x=1}^{M}\sum_{y=1}^{N}[(x,y)-(x_c,y_c)]^2 f(x,y)\\&=\sum_{x=1}^{M}\sum_{y=1}^{N}((x-x_c)^2+(y-y_c)^2)f(x,y)\end{aligned} \tag{6-86}$$

根据图像的质心和转动惯量的定义，可给出灰度图像绕质心 (x_c,y_c) 的归一化转动惯量即 NMI 的定义：

$$NMI=\frac{\sqrt{J_{(x_c,y_c)}}}{m}=\frac{\sqrt{\sum_{x=1}^{M}\sum_{y=1}^{N}((x-x_c)^2+(y-y_c)^2)f(x,y)}}{\sum_{x=1}^{M}\sum_{y=1}^{N}f(x,y)} \tag{6-87}$$

式中，$m=\sum_{x=1}^{M}\sum_{y=1}^{N}f(x,y)$ 为图像质量，代表图像所有灰度值之和。

NMI 算法简单，计算量小，并且经验证 NMI 具有良好的平移、旋转和尺度不变性，因此可以作为物体的识别特征。

④细长度。

细长度为目标最小外接矩形的长度与宽度的比值,用 E 表示。即

$$E=\frac{L}{D} \tag{6-88}$$

式中 L——目标的最大长度;

D——目标的最大宽度。

(3)纹理特征

纹理是图像灰度空间分布局部性质的一种描述,是描述与识别图像中感兴趣目标的重要依据,是与物体表面材质有关的图像内在特征。纹理特征包含了物体表面结构组织排列的重要信息以及它们与周围环境的联系。它是一种统计特征,具有旋转不变性,并具有较强的抗噪声能力。

由于纹理特征对模式识别和计算机视觉等领域的重要意义,对纹理的分析研究在过去的三十多年中取得了重大的成果。基于内容的图像检索中所常用的纹理特征主要有 Tamura 纹理特征、自回归纹理模型、随机场模型、方向性特征、小波变换和共生矩阵等形式。对于纹理特征的提取,主要采用了两种方法:一种是计算 Tamura 纹理特征;另一种是先求出基于像素的方向性和距离的灰度共生矩阵,再从矩阵中提取出有意义的统计量作为纹理特征。

①Tamura 纹理特征。

基于人类对纹理视觉感知的心理学研究,Tamura 等提出了纹理特征的表达。Tamura 纹理特征的六个分量对应于心理学角度上纹理特征的六种属性,分别是粗糙度(coarseness)、对比度(contrast)、方向性(directionality)、线像度(linelikeness)、规整度(regularity)和粗略度(roughness)。其中,前三个分量对于纹理分析尤其重要。对于真、假目标红外图像纹理特征的相似程度评价主要由这个三个特征来说明。

a. 粗糙度。

粗糙度的计算可以分为以下几个步骤进行。首先,计算图像中大小为 $2^k\times2^k$ 个像素的活动窗口中像素的平均强度值,有

$$A_k(x,y)=\sum_{i=x-2^{k-1}}^{x+2^{k-1}-1}\sum_{j=y-2^{k-1}}^{y+2^{k-1}-1}g(i,j)/2^{2k} \tag{6-89}$$

其中,$k=0,1,\cdots,5$,而 $g(i,j)$ 是位于 (i,j) 的像素强度值。然后,对于每个像素,分别计算它在水平和垂直方向上互不重叠的窗口之间的平均强度差。

$$\begin{aligned}E_{k,h}(x,y)&=|A_k(x+2^{k-1},y)-A_k(x-2^{k-1},y)|\\E_{k,v}(x,y)&=|A_k(x,y+2^{k-1})-A_k(x,y-2^{k-1})|\end{aligned} \tag{6-90}$$

其中对于每个像素,能使 E 值达到最大(无论方向)的 k 值用来设置最佳尺寸 $S_{\text{best}}(x,y)=2^k$。最后,粗糙度可以通过计算整幅图像中 S_{best} 的平均值来得到,表达式为

$$F_{\text{crs}}=\frac{1}{m\times n}\sum_{i=1}^{m}\sum_{j=1}^{n}S_{\text{best}}(i,j) \tag{6-91}$$

b. 对比度。

对比度是通过对像素强度分布情况的统计得到的。确切地说，它是通过 $\alpha_4=\mu_4/\sigma^4$ 来定义的，其中 μ_4 是四次矩，而 σ^2 是方差。对比度是通过如下公式衡量的，即

$$F_{con}=\frac{\sigma}{\alpha_4^{1/4}} \tag{6-92}$$

该值给出了整个图像或图像部分区域中对比度的全局度量。

c. 方向度。

方向度的计算需要首先计算每个像素处的梯度向量。该向量的模和方向分别定义为

$$|\Delta G|=(\Delta_H+\Delta_V)/2 \tag{6-93}$$

$$|\theta|=\tan^{-1}(\Delta_V/\Delta_H)+\pi/2 \tag{6-94}$$

其中，Δ_H 和 Δ_V 分别是通过图像卷积下列两个 3×3 操作符所得的水平和垂直方向上的变化量。

$$\begin{matrix}-1 & 0 & +1\\-1 & 0 & +1\\-1 & 0 & +1\end{matrix}\qquad\qquad\begin{matrix}+1 & +1 & +1\\0 & 0 & 0\\-1 & -1 & -1\end{matrix}$$

当所有像素的梯度向量都被计算出来后，一个直方图 H_D 被构造用来表达 θ 值。该直方图首先对 θ 的值域范围进行离散化，然后统计每个 bin 中相应的 $|\Delta G|$ 大于给定阈值的像素数量。这个直方图对于具有明显方向性的图像会表现出峰值，对于无明显方向的图像则表现得比较平坦。最后，图像总体的方向性可以通过计算直方图中峰值的尖锐程度获得，表示如下：

$$F_{dir}=\sum_{p}^{n_p}\sum_{\varphi\in W_p}(\varphi-\varphi_p)^2H_D(\varphi) \tag{6-95}$$

式(6-95)中的 p 代表直方图中的峰值，n_p 为直方图中所有的峰值。对于某个峰值 p，W_p 代表该峰值所包含的所有的 bin，而 φ_p 是具有最高值的 bin。

②灰度共生矩阵法。

在统计纹理方法中，灰度共生矩阵及其特征提取方法一直是重要的统计纹理分析方法之一。由于纹理是由灰度分布在空间位置上反复出现而形成的，因而在图像空间中相隔某距离的两像素间会存在一定的灰度关系，这种关系被称为是图像中灰度的空间相关特性。

如果图像的灰度级定为 L 级，那么灰度共生矩阵为 $L\times L$ 矩阵，可表示为 $M_\delta(i,j)$，其中位于 (i,j) 的元素 m_{ij} 的值表示一个灰度为 i 而另一个灰度为 j 的两个相距为 $\delta=(\Delta x,\Delta y)$ 的像素对出现的次数。这里，假定 $d=|\Delta x|=|\Delta y|=1$。

在 $L\times L$ 矩阵中，$i=j$ 的元素连成的线称为主对角线。对于在 0°，45°，90°，135°四个方向的位置关系(图 6-6)下生成的灰度共生矩阵，各元素值必定对称于主对角线，故称对称矩阵。共生矩阵中形成对称性是由于在这种方向的位置关系中，每一种方向实际上都包含了两种对称的位置关系。如果位置关系不是上述情况，则生成的灰度共生矩阵并非一定是对称的。

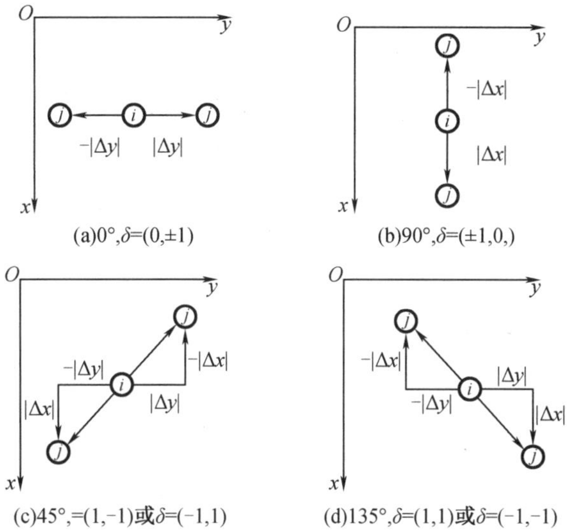

图 6－6 常用的四个方向上的位置关系

灰度共生矩阵中主对角线上的元素是一定位置关系下的两像素同灰度组合出现的次数,主对角线元素的大小可判别纹理的方向和粗细。主对角线上的元素不为零,表明了相邻像素的灰度变化缓慢,纹理较粗。主对角线元素全为零,说明在垂直纹理的方向上相邻像素的灰度都不相同,灰度变化频繁,纹理较细。

灰度共生矩阵中元素值相对于主对角线的分布可用离散性来表示,它常常反映纹理的粗细程度。离开主对角线远的元素的归一化值高,即元素值的离散性大。离散性大意味着相邻像素间灰度差大的比例高,说明图像上垂直于该方向的纹理较细;相反,则图像上垂直于该方向上的纹理较粗。当非主对角线上的元素的归一化值全为零时,元素值的离散性最小。

从灰度共生矩阵抽取出的纹理特征参数中选取表示纹理特征的四个统计量:纹理的一致性(uniformity)、对比度(contrast)、像素对灰度的相关性(correlation)和熵(entropy)作为特征矢量。

a. 角二阶矩(能量)。

$$Q_1 = \sum_{i=0}^{L-1}\sum_{j=0}^{L-1} p(i,j)^2 \tag{6-96}$$

角二阶矩是图像灰度分布均匀性的度量,反映纹理的一致性。当灰度共生矩阵中的元素分布较集中于主对角线时,说明从局部区域观察图像的灰度分布是较均匀的,此时角二阶矩值较大。

角二阶矩是灰度共生矩阵像素值的平方和,也称为能量。粗纹理角二阶矩值较大,可理解为粗纹理含有较多的能量。细纹理角二阶矩值较小。当各 $p(i,j)$ 相等时,角二阶矩值最小。

b. 惯性矩(对比度)。

$$Q_2 = \sum_{i=0}^{L-1}\sum_{j=0}^{L-1} (i-j)^2 p(i,j) \tag{6-97}$$

图像的对比度即为纹理的清晰程度。在图像中，纹理的沟纹越深，则其对比度越大，图像的视觉效果越清晰。

c. 熵。

$$Q_3 = -\sum_{i=0}^{L-1}\sum_{j=0}^{L-1} p(i,j)\log_2 p(i,j) \tag{6-98}$$

熵值是图像所具有的信息量的度量。若图像没有任何纹理，则灰度共生矩阵几乎为零阵，熵值接近为零。若图像充满着细纹理，则各 $p(i,j)$ 数值相差不大且较分散，熵值较大。当各 $p(i,j)$ 的数值相等时，该图像的熵值最大。若图像中分布着较少的纹理，$p(i,j)$ 数值差别较大且较集中时，则该图像的熵值较小。

d. 相关。

$$Q_4 = \frac{\sum_{i=0}^{L-1}\sum_{j=0}^{L-1} ijp(i,j) - \mu_1\mu_2}{\sigma_1\sigma_2} \tag{6-99}$$

式中，μ_1、μ_2、σ_1、σ_2 分别定义为

$$\mu_1 = \sum_{i=0}^{L-1} i \sum_{j=0}^{L-1} p(i,j) \tag{6-100}$$

$$\mu_2 = \sum_{j=0}^{L-1} j \sum_{i=0}^{L-1} p(i,j) \tag{6-101}$$

$$\sigma_1^2 = \sum_{i=0}^{L-1} (i-\mu_1)^2 \sum_{j=0}^{L-1} p(i,j) \tag{6-102}$$

$$\sigma_2^2 = \sum_{j=0}^{L-1} (j-\mu_2)^2 \sum_{i=0}^{L-1} p(i,j) \tag{6-103}$$

相关用来衡量灰度共生矩阵的元素在行的方向或列的方向上的相似程度。例如，某图像具有水平方向的纹理，则图像在 $\varphi=0°$ 的灰度共生矩阵相关值 $C(d,0°)$ 往往大于其他方向的灰度共生矩阵相关值 $C(d,\varphi)$。

为了使这些特征量具有旋转不变性，在 0°，45°，90°，135°四个方向上提取上述四个纹理特征，然后分别计算这 16 个参数的均值和标准差，将它们作为纹理特征矢量的各个分量。

2. 基于特征向量距离示假效果评价方法

计算得到真、假目标图像的特征量后，就形成了图像的特征矢量。将假目标图像的特征矢量与真目标的特征矢量进行对比，如果真、假目标红外图像特征矢量之间的距离越小，说明真、假目标图像越相似，假目标的示假效果越好；如果距离值大，说明真、假目标图像差别较大，即表示假目标的示假效果差。这样，假目标的示假效果可以用真、假目标图像特征矢量之间的距离来评价。

（1）特征归一化处理

在使用图像特征进行图像相似性评价时，只使用一种特征是远远不够的，必须把几种特征结合起来作为判断依据。由于灰度特征、形状特征、纹理特征的物理意义各不相同，而且不同特征分量的幅度变化较大，相似距离的可比性差。因此，在利用综合特征进行图像

相似性判别时，应对灰度、形状和纹理特征的特征矢量进行归一化。这样才能保证不同的特征矢量在进行相似性度量时具有相同的地位。

①内部特征归一化。

每种特征所对应的特征矢量的幅度变化可能会很大，因此在以欧氏距离作为度量依据时会产生很大偏差，因此要通过特征矢量内部归一化来消除偏差。特征矢量内部归一化的目的在于使特征矢量内部各分量在相似性度量时具有相同的地位。高斯归一化方法是一种较好的归一化方法，其特点是少量超大或超小的元素值对整个归一化后的元素值分布影响不大。具体方法如下。

一个 N 维特征矢量可记为：$F=[f_1,f_2,\cdots,f_N]$。如用 $I_1,I_2,\cdots,I_M$ 代表图像库中的图像，则对其中任一幅图像 I_i，其相应的特征矢量为 $F_i=[f_{i,1},f_{i,2},\cdots,f_{i,N}]$。假设特征矢量 F_i 服从高斯分布，计算出其均值 m_j 和标准差 σ_j，然后利用下式将其归一化至[-1,1]区间：

$$f_{i,j}^{(N)}=\frac{f_{i,j}-m_j}{3\sigma_j} \tag{6-104}$$

根据式(6-104)归一化后，各个 $f_{i,j}$ 均变成具有 $N(0,1)$ 分布的 $f_{i,j}^{(N)}$。利用 $3\sigma_j$ 进行归一化可以使 $f_{i,j}^{(N)}$ 的值落在[-1,1]区间的概率达到99%。在实际应用中，将[-1,1]区间外的 $f_{i,j}$ 值设为 -1 或 1，以保证所有的 $f_{i,j}$ 值均落在[-1,1]区间。

②外部特征归一化。

由于不同类型特征的物理意义和取值范围差异很大，相似距离之间可比性差，因此在利用综合特征进行相似性度量时，需要对不同类型的特征进行归一化处理，以保证不同的特征矢量在加权中处于平等的地位，在相似性度量时具有相同的作用。外部特征归一化的实质是对图像库中所有图像之间的相似距离进行归一化。使用高斯归一化方法，计算步骤如下：

a. 计算图像库(共有 M 幅假目标图像)中任意两幅图像 I、J 所对应的特征矢量 $\boldsymbol{F}_I$、$\boldsymbol{F}_J$ 之间的相似距离：

$$D_{I,J}=\mathrm{dis}(\boldsymbol{F}_I,\boldsymbol{F}_J)I,J=1,2,\cdots,M,\text{且 } I\neq J \tag{6-105}$$

b. 计算步骤 a 中得到的 $M(M-1)/2$ 个距离值的均值 M_D 和标准差 σ_D；

c. 计算真目标图像 Q 与图像库中每个假目标图像的相似距离，记为 $D_{1Q},D_{2Q},\cdots,D_{MQ}$；

d. 对 $D_{1Q},D_{2Q},\cdots,D_{MQ}$ 进行如下线性变化：

$$D_{IQ}^{(N)}=\left(\frac{D_{IQ}-M_D}{3\sigma_D}+1\right)/2 \tag{6-106}$$

不难知道，$D_{IQ}^{(N)}$ 的值有99%落在[0,1]区间内。

灰度、形状和纹理特征在经过上述归一化处理后，保证了在进行距离计算时各类特征地位相同。在实际应用中各类特征在相似性判别中所占的权重可以根据要求人为设定。

(2)距离函数

距离函数是一种常用的相似性测度。在模式识别中，一般常用的测度相似性的距离函数以下几种。

①明氏距离。

明氏距离的表达式为

$$d(a,b)=\sqrt[m]{\sum_{i=1}^{n}|(a_i-b_i)|^m} \tag{6-107}$$

当 $m=1$ 时，有

$$d(a,b)=\sum_{i=1}^{n}|a_i-b_i| \tag{6-108}$$

称为“街区”距离（city block distance）。当 $m=2$ 时，为欧氏距离。；当 $m\to\infty$ 时，为切比雪夫距离。

②欧氏距离。

欧氏距离是最常用的匹配测度，欧氏空间的距离度量与人类视觉感知的距离有很好的一致性。假设假目标图像的特征矢量是 $a=(a_1,a_2,\cdots,a_n)$，真目标图像的特征矢量是 $b=(b_1,b_2,\cdots,b_n)$，则矢量 a 和 b 之间的欧氏距离为

$$d(a,b)=\sqrt{\sum_{i=1}^{n}(a_i-b_i)^2} \tag{6-109}$$

③马氏距离。

马氏距离的表达式为

$$d(a,b)=(a-b)^TC^{-1}(a-b) \tag{6-110}$$

马氏距离有很多优点。它不受量纲的影响，两点之间的马氏距离与原始数据的测量单位无关。由标准化数据和中心化数据（即原始数据与均值之差）计算出的两点之间的马氏距离相同。马氏距离还可以排除变量之间的相关性的干扰。它的缺点是夸大了变化微小的变量的作用，且计算烦琐。

由于加权的欧氏空间度量能够更好地给出更加人性化和个性化的度量结果，更适合于图像相似性度量，因此本书中特征矢量之间的距离都采用加权的欧氏距离处理。

（3）特征向量顺序评估方法

特征向量距离计算时不但需要内部归一化，而且需要外部归一化。例如，表征图像灰度特征的三个统计量最大灰度值、标准偏差和图像熵需要进行归一化，而且灰度、形状和纹理这三个特征之间也需要归一化。在特征量归一化过程中，可能存在误差，这些误差的积累会对最后的检测结果产生影响。特别是外部归一化的影响可能会更大些。为了尽可能地消除这种影响，采用特征向量顺序评价的方法。

特征向量顺序评价法主要是根据人类识别物体的心理识别过程而确定的。一般判断物体的相似程度，首先看外观，即形状特性。形状的差异对人很敏感，心理反应也很直接，不需要详细辨别。其次是灰度特征，灰度特征是红外图像的主要特征，灰度的差异程度对判读红外图像的影响也很直接，只要灰度的差别超过人眼对灰阶的辨别能力，就很容易被判读出来。而且灰度分布的差异会通过形状表现出来。纹理特征对图像判读的影响小一些，在判读形状特征和灰度特征之后，才会注意到图像纹理的差别。因此，由试验人员通过观察真、假目标红外图像的差异程度，定性检测假目标红外示假性能时，首先检测的是真、

假目标图像形状的差异程度。如果形状差异明显，就可定性的评价假目标的示假性能不合格。如果从形状特征很难分辨出真、假，则进而通过灰度特征来判断。如果灰度特征差别明显，也可说明假目标的示假性能不合格。如果灰度特征也很接近，则要通过图像的纹理特征差别来评价。如果真、假目标红外图像的纹理特征也很接近，则可以定性的说明假目标的示假效果很好。

为了与定性检测假目标红外示假性能的心理判读过程相一致，基于图像特征相似度评价假目标示假效果时，首先检测真、假目标图像形状特征的相似程度，如果形状特征的相似程度达到了假目标的示假性能技术指标要求，则继续检测真、假目标红外图像灰度特征的相似程度；如果灰度特征的相似程度也达到了假目标示假性能的技术指标要求，则继续检测真、假目标红外图像纹理特征的相似程度。只要有一项特征不能达到假目标的示假性能技术指标要求，则可判断假目标的红外示假效果不合格，即可停止后面图像特征相似性计算。

3. 基于图像灰度相关的示假效果评价方法

当两幅图像极为相似时，就称它们匹配。对于假目标示假效果的检测与评价，设真、假目标的图像在坐标平面内的区域 D 上分别表示为 $f(x,y)$ 和 $g(x,y)$，这两幅图像在 D 上的相似程度有两类计算方法：一类是差值测度；另一类是相关测度。

差值测度的常用计算公式有：

(1) $\varepsilon = \max\limits_{(x,y)\in D} |f(x,y) - g(x,y)|$

(2) $\varepsilon = \iint\limits_D |f(x,y) - g(x,y)|\mathrm{d}x\mathrm{d}y$

(3) $\varepsilon^2 = \iint\limits_D [f(x,y) - g(x,y)]^2\mathrm{d}x\mathrm{d}y$

按上面的公式计算，得出的结果越小，表明 $f(x,y)$ 和 $g(x,y)$ 在 D 上越相似。上面三个公式反映了真、假目标的图像对应像素点之间的灰度差别。差别越小表明真、假目标的特性越相似，假目标的示假效果越好。一般认为假目标图像的像素灰度应稍大于真目标图像相应的像素灰度，这样假目标的示假效果更好。则上述前两个计算公式可改写为

(1) $\varepsilon = \max\limits_{(x,y)\in D} (g(x,y) - f(x,y))$，且 $\varepsilon \geqslant 0$

(2) $\varepsilon = \iint\limits_D (g(x,y) - f(x,y))\mathrm{d}x\mathrm{d}y$，且 $\varepsilon \geqslant 0$

相关测度是差值测度的改进，比差值测度具有更优良的性能。

将差值测度计算公式展开：

$$\begin{aligned}\varepsilon^2 &= \iint\limits_D [f(x,y) - g(x,y)]^2\mathrm{d}x\mathrm{d}y \\ &= \iint\limits_D f(x,y)^2\mathrm{d}x\mathrm{d}y + \iint\limits_D g(x,y)^2\mathrm{d}x\mathrm{d}y - 2\iint\limits_D f(x,y)g(x,y)\mathrm{d}s\mathrm{d}y \qquad (6-111)\end{aligned}$$

如果式(6－111)右端的前两项固定，则 $\iint\limits_D f(x,y)g(x,y)\mathrm{d}x\mathrm{d}y$ 越大，ε^2 就越小。

另外，由施瓦茨不等式，对于实数 $f(x,y)$ 和 $g(x,y)$，恒有

$$\iint_D f(x,y)g(x,y) \leqslant \left[\iint_D f(x,y)^2 \cdot \iint_D g(x,y)^2 \mathrm{d}x\mathrm{d}y\right]^{\frac{1}{2}} \tag{6-112}$$

当且仅当 $g=cf$ 时，等号才成立，其中 c 为常数。则可以得出：

$$P=\frac{\iint_D f(x,y)g(x,y)\mathrm{d}x\mathrm{d}y}{\left[\iint_D f(x,y)^2\mathrm{d}x\mathrm{d}y \cdot \iint_D g(x,y)^2\mathrm{d}x\mathrm{d}y\right]^{\frac{1}{2}}} \tag{6-113}$$

由式(6-113)测度 $f(x,y)$ 和 $g(x,y)$ 的相似程度，P 值越大，两者就越相似。

式(6-113)中的积分应用离散和代替，如公式(6-114)所示：

$$P=\frac{\sum_{i=0}^{M-1}\sum_{j=0}^{N-1} f(i,j)g(i,j)}{\sqrt{\sum_{i=0}^{M-1}\sum_{j=0}^{N-1} f^2(i,j)\sum_{i=0}^{M-1}\sum_{j=0}^{N-1} g^2(i,j)}} \tag{6-114}$$

4. 基于图像灰度交叉熵示假效果评价方法

对于两种概率分布 $P=\{p_1,p_2,\cdots,p_N\}$，$Q=\{q_1,q_2,\cdots,q_N\}$，交叉熵度量它们之间的信息量差异，其定义为

$$D(P,Q)=\sum_{i=1}^{N} p_i \ln\frac{p_i}{q_i} \tag{6-115}$$

其对称形式的定义公式表述为

$$D(P,Q)=\sum_{i=1}^{N} p_i \ln\frac{p_i}{q_i}+\sum_{i=1}^{N} q_i \ln\frac{q_i}{p_i} \tag{6-116}$$

交叉熵是下凸函数，P 与 Q 完全一致时可取到最小的零值。交叉熵直接反映了两幅图像对应像素的差异，是对两幅图像所含信息的相对衡量。因而可以用来作为图像灰度分布相似性问题的判决准则。对于假目标示假性能的检测，如果真、假目标灰度分布越相近则交叉熵越小，示假效果越好。

灰度交叉熵也可用于隐真伪装装备综合伪装效果评价，但不能直接使用公式(6-116)，如果直接使用该公式，就会产生一个问题，对于两幅目标伪装后的图像，其中一个目标与背景灰度交叠区域小，而另外一个交叠区域大。直接利用交叠区域计算交叉熵，则很容易得到交叠区域小的，交叉熵的结果小，伪装效果反而好，灰度交叠区域小的，或者没有交叠，其伪装效果不好。所以对原来的公式进行改进，得到公式(6-117)，则灰度交叠区域小的，其交叉熵的值按一定的方式增大。

$$D(P,Q)=\left(2-\frac{A}{L}\right)\sum_{C}\left(p_i \ln\frac{p_i}{q_i}+q_i \ln\frac{q_i}{p_i}\right) \tag{6-117}$$

其中 A 为目标与背景中灰度交叉部分的灰度值个数，L 为图像灰度的动态范围。经过直方图修正的灰度动态范围一般为256。C 为目标与背景交叉部分的灰度区域。p_i 代表目标图像中灰度值为 i 的像素个数占目标区域百分比，而 q_i 表示背景图像中灰度为 i 的像素个数占背景区域的百分比。

对于目标和背景已经分割的图像，分别统计原始图像、目标区域(O)和背景区域(B)的灰度直方图，目标与背景的灰度区域 O 和 B，以及目标与背景灰度交叠区域 C，灰度交叠个数 A，如果交叠个数为0，计算出 p_i 和 q_i，得到交叉熵(如果 $A=0$，则可以直接给出结果)。

另外一个问题是如何确定某个值作为交叉熵的比较标准。可以先统计出大量目标伪装图像的交叉熵值，从而找出一个值作为判读的标准，这个过程是机器学习的过程。

5. 形状相似度评价方法

形状可以定义为二维范围内一条简单连接曲线位置和方向的函数。为了能够对形状的描述满足在连续图像的定义域内具有平移、旋转和比例变化的不变性，这里选用空间矩阵形状进行介绍。

形状空间矩：

通过概率理论，联合概率密度 $p(x,y)$ 的第(m,n)个矩可以被定义为

$$\boldsymbol{M}(m,n) = \iint_{\pm\infty} x^m y^n p(x,y)\,\mathrm{d}x\mathrm{d}y \tag{6-118}$$

中心矩由下式给出：

$$\boldsymbol{U}(m,n) = \iint_{\pm\infty} (x-\eta_x)^m (y-\eta_y)^n p(x,y)\,\mathrm{d}x\mathrm{d}y \tag{6-119}$$

式中，η_x 和 η_y 是 $p(x,y)$ 的边缘平均值。这些概率理论的经典关系应用到形状分析上，联合概率密度 $p(x,y)$ 被连续图像函数 $F(x,y)$ 所代替。物体的形状通过一些低阶的矩来描述。

在离散图像函数 $F(j,k)$ 空间中，第(m,n)个空间矩可以被定义为

$$\boldsymbol{M}_U(m,n) = \sum_{j=1}^{J}\sum_{k=1}^{K} x_k^m y_j^n F(j,k) \tag{6-120}$$

这里，缩放坐标是：

$$x_k = k - \frac{1}{2} y_j = J + \frac{1}{2} - j \tag{6-121}$$

坐标系的原点是图像的左下角。

第(m,n)个缩放后的空间矩被定义为

$$\boldsymbol{M}(m,n) = \frac{1}{J^n K^m}\sum_{j=1}^{J}\sum_{k=1}^{K} x_k^m y_j^n F(j,k) \tag{6-122}$$

很明显

$$M(m,n) = \frac{\boldsymbol{M}_U(m,n)}{J^n K^m} \tag{6-123}$$

零阶空间矩：

$$\boldsymbol{M}(0,0) = \sum_{j=1}^{J}\sum_{k=1}^{K} F(j,k) \tag{6-124}$$

是图像像素值的和，被称为图像表面，如果 $F(j,k)$ 是一个二进制图像，它的表面等于它的面积，一阶行矩为

$$\boldsymbol{M}(1,0) = \frac{1}{K}\sum_{j=1}^{J}\sum_{k=1}^{K} x_k F(j,k) \tag{6-125}$$

一阶列矩为

$$M(0,1) = \frac{1}{J}\sum_{j=1}^{J}\sum_{k=1}^{K} y_j F(j,k) \tag{6-126}$$

定义了图像的质心，被称为重心的质心是图像函数 $F(j,k)$ 的平衡点，它使得 $\bar{x}_k$ 的左边和右边以及 $\bar{y}_j$ 的上边和下边的 $F(j,k)$ 的质量是相等的。

$$\bar{x}_k = \frac{M(1,0)}{M(0,0)} \bar{y}_j = \frac{M(0,1)}{M(0,0)} \tag{6-127}$$

随着质心的建立，则可将和式（6－119）相一致的离散图像的比例空间中心矩定义为

$$U(m,n) = \frac{1}{J^n K^m}\sum_{j=1}^{J}\sum_{k=1}^{K} (x_k - \bar{x}_k)^m (y_j - \bar{y}_j)^n F(j,k) \tag{6-128}$$

为了引用，第 (m,n) 个非比例空间中心矩被定义为

$$U_U(m,n) = \sum_{j=1}^{J}\sum_{k=1}^{K} (x_k - \tilde{x}_k)^m (y_j - \tilde{y}_j)^n F(j,k) \tag{6-129}$$

式中，

$$\tilde{x}_k = \frac{M_U(1,0)}{M_U(0,0)} \tilde{y}_j = \frac{M_U(0,1)}{M_U(0,0)} \tag{6-130}$$

很明显可以看到：

$$U(m,n) = \frac{U_U(m,n)}{J^n K^m} \tag{6-131}$$

三个二阶的比例中心矩是行惯性矩：

$$U(2,0) = \frac{1}{K^2}\sum_{j=1}^{J}\sum_{k=1}^{K} (x_k - \bar{x}_k)^2 F(j,k) \tag{6-132}$$

列惯性矩：

$$U(2,0) = \frac{1}{J^2}\sum_{j=1}^{J}\sum_{k=1}^{K} (y_j - \bar{y}_j)^2 F(j,k) \tag{6-133}$$

行列交叉惯性矩：

$$U(1,1) = \frac{1}{JK}\sum_{j=1}^{J}\sum_{k=1}^{K} (x_k - \bar{x}_k)(y_j - \bar{y}_j) F(j,k) \tag{6-134}$$

由此定义的三个二阶惯性矩可以被用来生成惯性协方差矩阵的矩：

$$U = \begin{bmatrix} U(2,0) & U(1,1) \\ U(1,1) & U(0,2) \end{bmatrix} \tag{6-135}$$

对协方差矩阵进行奇异值分解可得到下面的对角矩阵：

$$E^{\mathrm{T}} U E = \Lambda \tag{6-136}$$

其中，矩阵

$$E = \begin{bmatrix} e_{11} & e_{12} \\ e_{21} & e_{22} \end{bmatrix} \tag{6-137}$$

的列是 U 的特征向量。并且

$$\boldsymbol{\Lambda} = \begin{bmatrix} \lambda_1 & 0 \\ 0 & \lambda_2 \end{bmatrix} \tag{6-138}$$

特征值在连续图像的定义域内对于平移、旋转和比例变化是保持不变的。因此这里用特征值来表征图像形状。进而,形状相似度可定义为

$$D = (\boldsymbol{\Lambda}_O - \boldsymbol{\Lambda}_B)/\max(\boldsymbol{\Lambda}_O, \boldsymbol{\Lambda}_B) \tag{6-139}$$

式中 $\boldsymbol{\Lambda}_O$——假目标的形状特征量;

$\boldsymbol{\Lambda}_B$——真目标的形状特征量。

式中,D 表示真假目标图像间的形状差异尺度,若 $D=0$,则两者分布完全一致,即假目标与真目标间的形状特征相同,示假效果达到最佳;若 D 越大,则假目标与真目标间的形状特征相差越大,示假效果越差。

第7章　伪装装备仿真模拟试验方法

7.1　假目标装备仿真模拟试验方法

7.1.1　概述

假目标的示假性能主要表现为其与真目标的相似程度,本书第4章介绍了假目标示假性能试验方法,航空照相判读试验和地面观察试验,主要是通过人员判读和观察的方法,统计假目标被认为是真目标的概率,评估假目标与真目标的相似程度,检测假目标对抗敌空中光学侦察的示假性能。开展上述试验需将真假目标同时同地设置。受诸多不可控因素的影响,将真假目标协调在一起开展试验,会导致试验周期很长,试验组织实施难度大。为缩短试验周期、提高试验效率,降低天气、场地、空间等各种因素对假目标示假性能试验的影响,可以采用仿真试验技术开展假目标示假性能试验。

仿真试验技术是以相似原理、信息技术及其应用领域有关的专业技术为基础,以计算机等为工具,利用系统模型对实际或设想的系统进行试验研究的一门综合性技术。简单地说,就是根据相似原理,利用模型对系统进行研究的综合性技术。近年来,我国在虚拟仿真设计环境建设、虚拟样机细粒度建模和应用等方面均取得了很大进展,形成了层次化、模块化、标准化的建模思路,对仿真平台的一些相关技术,如数据库技术、网络技术、系统仿真技术、虚拟现实技术等已有一定的研究和应用基础。本章节重点介绍假目标装备仿真模拟试验的方法。

以坦克假目标可见光示假性能仿真模拟试验为例,对假目标可见光示假性能仿真试验所需的仿真模型实现、环境条件映射关系、二维仿真模拟试验图像生成等重点技术环节进行分析论述。

假目标装备仿真模拟试验基本流程如图7－1所示。

1. 采集真目标数据,完成目标仿真建模

坦克的三维结构很复杂,利用三维动画软件可以生成三维模型。对数码相机、三维扫描仪等设备采集到的信息进行优化,去除采集过程中产生的大量冗余信息,保留建模所必需的目标颜色、形状轮廓等,并实现对模型形状轮廓的信息分类,诸如履带、装甲、炮管等,赋予各个部件材质及颜色等属性特征,实现最初的模拟效果,通过3DMAX实现真目标的三维模型建立。

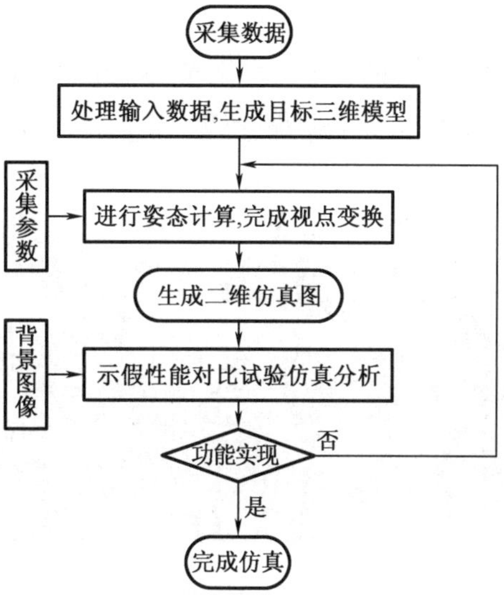

图 7-1 假目标装备仿真模拟试验流程图

2. 环境映射条件关系确定,实现模型仿真渲染

考虑到坦克装备所使用的防护装甲,以钢板为载体制作仿真标准体,其表面涂敷装备使用的涂料。采集仿真标准体在良好天气条件下不同环境参数(光照、太阳高度角、位置等)的图像,分析其图像特征,建立采集条件的变化对真目标图像的影响条件映射关系。

3. 开展试验,获取背景图像及确定采集参数

在获取设置含有假目标背景图像的环节中,需进行条件准备、试验准备、数据采集等过程,试验流程图如图 7-2 所示。

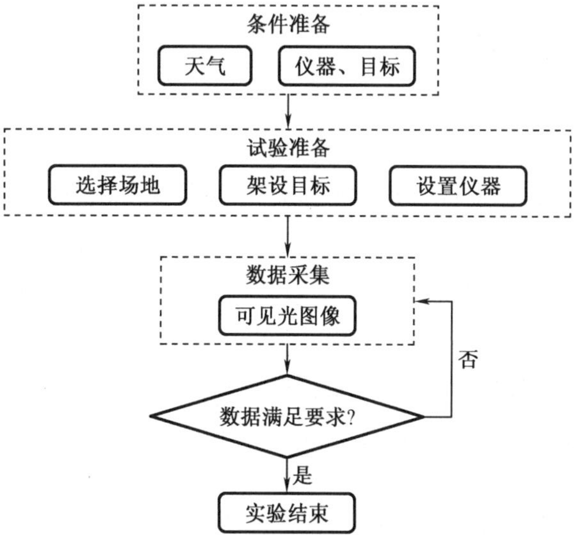

图 7-2 假目标背景图像获取试验流程图

(1)条件准备

在获取背景图像试验中对天气的要求与可见光示假性能真假对比试验时一致。

试验所用仪器为可见光相机及空中平台(图7-3)。试验前把假目标设置在背景中。

图7-3　空中平台

(2)试验准备

根据试验要求,选取相应背景类型场地,目标设置按背景伪装容量要求在场地内划分目标设置区,根据需要确定飞行航线。

(3)数据采集

根据相关试验要求,进行可见光图像数据飞行采集试验,测量光照、太阳高度角、位置等环境参数,同时选择满足要求的图像作为试验背景图像。

(4)将采集参数作用于三维仿真模型,利用模型与背景图像融合得到二维仿真试验图像

根据条件映射关系,将试验现场的环境采集参数作用于真目标三维模型,实现三维模型在相应试验条件下的转换,然后通过不同类型的透视变换完成对真目标三维模型的渲染和二维仿真图像的生成,完成仿真模拟试验。

7.1.2　仿真模型实现技术

1. 三维建模技术

为了能够在计算机环境下更逼真地模拟现实世界的物体形态,必须在三维空间系统中利用已有的三维建模技术,精确地描绘这些事物,以实现三维物体的真实再现。对现实世界的物体进行建模和模拟,就是根据研究的目标和重点,在三维空间中对其形状、色彩、光照等属性进行重建,以达到3D再现的过程。因而,对三维实体的图形图像处理及其模型建模显得尤为必要。三维建模技术的核心是根据真实对象的三维空间信息在虚拟环境中进行数字化重建,包括几何、结构、纹理的信息,并利用渲染引擎实现逼真显示,在此基础上可以对其进行各种操作和处理。

近年来,在简单形体、工程地质、医学CT图像重构和机械学等应用场合,国内外许多专家学者对三维空间对象模型及构模方法进行了研究,归纳起来为以下10种单一构模方法应

用最为普遍。

(1)边界表示法

物体的边界是物体内外部点的分界面,一般用体表、面表、环表、边表和顶点表5层描述。该方法强调物体表面的细节,详细记录构成物体形体的所有几何元素的几何信息及其相互间的连接关系即拓扑信息,几何信息与拓扑信息分开存储,完整清晰,并能唯一定义物体的三维模型。但缺点是对于不规则三维物体的描述不太方便。主要适用于三维空间操作和分析。

(2)实体几何构造法

一种由简单的、形状规则的几何形体(称为体素)通过正则布尔运算来构造复杂三维实体的表示方法。基本几何体素经过平移、旋转、缩放变换中的某种(或组合)变换后,使其从基本状态变换到组合的状态,然后通过正则布尔集合运算建立中间体,进而把中间体看作基本体素,进行更高层次的组合。其优点是简单,适合对复杂目标采用分治算法;无冗余的几何信息,记录了构成几何实体的原始特征和定义参数;还可以在实体和体素上附加属性。缺点是不具备实体的拓扑信息,表示不具有唯一性。

(3)线框表示法

一种利用约束线来建立一系列解释图形以表达三维实体边界和轮廓的方法。实质是把目标空间轮廓上两两相邻的采样点或特征点用直线连接起来,形成一系列多边形;然后拼接形成一个多边形网格来模拟三维实体边界。当采样点或特征点沿环型线分布时,所形成的线框模型称之为相连切片模型。该方法数据结构比较简单,数据存储量小;表达能力取决于线表示所能允许的复杂程度。缺点是形体对象表示不唯一,与此相关的是不能生成高效的显示,不能计算物体的几何特征以及不能唯一定义空间。

(4)块体表示法

规则块体模型把建模空间分割成规则的三维网格,称为Block(块段)。每个块体被看作均质体,为了用Block模型描述不规则实体的几何形态和减少存储空间,提出了许多建模技术,如细分块段、可变尺寸块段、边界细分块段等,逐渐形成了不规则块体模型。不规则块体模型不仅能较好地模拟研究对象的几何边界,而且还可以描述品位或质量的细微变化。规则块体模型为了节省存储空间和运算时间,可以在编制程序时采用隐含的定位技术,但对于有边界约束的实体建模效果不是太有效。不规则块体模型则可以根据实际变化来模拟,从而提高了空间建模的精度,但对基于体元的空间检索和查询不太方便。

(5)空间位置枚举法

把物体所占据的整个三维空间分割成形状相似、大小相同的单元,各单元在三维空间中以固定的规则网格连接起来,互不叠压,根据物体是否占据网格位置来定义物体的形状和大小。采用三维数组来存储每个单元的信息,建立索引,提高了空间搜索的速度和运算效率;三维数组可明确地体现几何单元间的拓扑关系,因而方便进行正则布尔运算等操作;可清晰判明某一空间位置与物体的位置关系,使得对CAD/CAM系统中的干涉检查变得简单易行。其缺点是该方法通常不能单独使用,而要作为中间体与其他表示法配合使用;只能近似表达空间实体的信息,描述精度不高;难以对单个空间实体进行旋转及坐标变换等操作。

(6)四面体格网表示法

基于对边界难以捉摸对象(如污染云等)的研究,Pilouk 等提出了采用不规则四面体网格(tetrahedron network,TEN)模型的建模技术。以四面体作为基元,它是一个基于点的四面体网络的三维矢量数据模型,可将任一三维空间对象剖分成一系列邻接但不交叉的不规则四面体,是不规则三角网向三维的扩展。四面体是面数最少的体元,因而对其操作时计算量最小,可以有效地进行三维插值计算和可视化,四面体间的邻接关系还可以反映空间实体间的拓扑关系。但 TEN 模型却不能描述三维连续曲面,而且生成三维空间曲面较困难,算法设计也比较复杂。

(7)八叉树表示法

将三维空间区域分为 8 个象限,且在树上的每个节点处存储 8 个数据元素。当象限中所有体元都为均质体时,该类型值存入相应的节点数据元素中;然后再对非均质象限进行象限细分,并由该节点中的相应数据元素指向树中的下一个节点,如此循环直至每个节点所代表的区域都为均质体为止。该方法是一种递归的分割过程,数据结构简单划一,适合计算机表达,检索速度快,存储便捷;对布尔操作和几何特征的计算效率很高,且便于显示。其缺点是不能精确表达三维空间实体的边界;占用的存储空间较大,几何变换难于进行。

(8)三棱柱构模法

三棱柱构模法是一种较常使用的简单三维地学空间建模技术。三棱柱模型几何精度较高,可视化方便,可以便捷地描述其拓扑关系。但由于受钻孔须垂直或平行的限制,模型的适应能力较弱。针对该模型的局限性,发展了广义三棱柱(generalized tri prism,GTP)建模技术,建模原理为:用 GTP 的上下底面的三角形集合所组成的三角网面来表达不同的地层面,然后利用 GTP 侧面的空间四边形面来描述层面间的空间邻接关系,用 GTP 柱体来表达层与层之间的内部实体。广义三棱柱模型拓扑关系描述完善,可以描述任意复杂的地质体,数据精度得以保证;每个体元内可以有多重属性,实体查询分析方便,便于进行集成建模。但其可视化速度较慢,设计较复杂。

(9)小平面表示法

它是将物体的外表面分割成一系列微小的平面,如三角面片等,并通过记录该平面的特征属性来描述物体。分割得到的微小平面的形状和大小取决于被表达物体的形状特征和所选取的描述精度。小平面表示法既可以表达规则物体,也可以描述不规则三维实体的属性,适用于多种场合,通用性好;对于复杂曲面的三维实体,不仅能产生很好的显示效果,而且可以获得十分逼真的形态,图形生成速度较快;对于切层数据构造三维实体非常有效。然而,小平面表示法所需的存储空间与小平面数有关,而小平面数又与三维实体表面的信息有关,因而存储量具有很大的不确定性;在曲面复杂、分辨率很高的场合,存储量将非常大,致使对物体的布尔运算和坐标变换的运算也变得很复杂。

(10)扫描表示法

它是由几何体中某一截面轮廓绕某一坐标轴线旋转或某一指定路径平移所形成的,其运动过程中形成的截面轮廓的轨迹完整而唯一地定义了一个实体。这种方法将三维实体化为对二维图形的理解，但生成的物体不能直接进行正则布尔运算，也难以处理非规则类三维物体。

2. 构模方法

目前，物体的三维几何模型就其复杂度来说分为3类：线模型、面模型、体模型。根据面元模型、体元模型和面体混合模型的空间构模方法对上述构模方法进行对比分析。

（1）基于面元模型的空间构模方法

边界表示法、线框表示法、小平面表示法和扫描表示法为基于面元模型的空间构模方法。该方法侧重于对三维空间实体的表面描述（如地形表面、地质层面等），所模拟的表面可能是封闭的，也可能是非封闭的。基于采样点的不规则三角网模型和基于数据内插的格网（Grid）模型，通常用于非封闭表面模型；而边界表示模型和线框模型通常用于封闭表面或外部轮廓模拟。通过表面表示形成三维空间目标表示，其优点是便于显示和数据更新，但由于缺少三维几何描述和内部属性记录难以进行三维空间查询与分析。

（2）基于体元模型的空间构模方法

实体几何构造法、八叉树表示法、空间位置枚举法和规则块体构模法为基于体元模型的空间构模方法。该方法侧重于对三维空间体的表示，如水体、云体等，通过对体的描述实现三维空间目标表示，其优点是易于进行三维空间操作和查询分析，但存储空间大，计算速度较慢。目前常用的体构模方法有三维栅格、实体几何构造、四面体格网、实体和块段构模等。

（3）基于面体混合模型的空间构模方法

四面体表示法、三棱柱构模法、广义三棱柱构模法和不规则块体构模法为基于面元模型的空间构模方法。该方法能够充分利用不同的单一模型在表示不同空间实体时所具有的优点，能够实现对三维地质现象有效、完整的表达。但混合三维模型数据量大，为保持一致性必须在两种方法之间不断进行转换，并且不同模型之间的转换有时只能是近似的，甚至是不成立的。

对三维建模技术的研究基本上都是针对三维面元模型和体元模型来展开的。目前，最常用的三维建模及动画制作软件是3DS MAX。它可以进行可视化编辑，从而可以随心所欲地对模型进行修改。3DS MAX具有强大的三维建模能力，由于支持放样建模、NURBS建模等技术，使3DS MAX可以建立起飞机、汽车、坦克等复杂的三维模型。OpenGL（Open Graphics Library）作为三维软件开发的基础库，具有可移植性、稳定性和易操作等特点。在OpenGL中提取并利用3DS MAX中构造的模型可以成倍提高软件开发的效率。

3. 数据采集

在仿真目标所需标准条件下，利用数码相机、三维扫描仪等设备采集目标三维数据等信息。对采集到的信息进行优化，去除采集过程中产生的大量冗余信息，保留建模所必需的目标形状轮廓等，并实现对模型形状轮廓的信息分类，诸如机动装备的轮胎、履带、装甲、炮管等，实现最初的模拟效果，通过3DSMAX等软件处理实现真目标的三维模型建立。

利用三维激光扫描仪获取的点云数据可以实现物体表面快速、精确地建模。为了获得完整的三维目标信息，首先要对拟扫描目标以及周围环境进行实地勘查，根据仰角及遮挡情况确定各个扫描站点，实施多测站多角度的场景扫描。因此，在实施扫描前，首先要制定扫描方案，进行实地勘察，现场选择路线，确定扫描站点。

为了将各测站获取的点云数据统一到同一个大地坐标系下，在选定测站点后，需要根据测区控制网，测定测站点坐标。另外，为了便于后续的点云配准，要合理安排标靶的位置和数量。

从某一方向对目标进行扫描时，应从扫描仪视野范围中圈选出被扫描物体，这样既可减少噪点，又可减少扫描时间，提高工作效率。点云密度的设置要充分考虑目标对象的复杂程度和实际应用需求。

4. 三维几何建模

三维激光扫描仪所得到的点云是由不规则的离散点构成的，点云之间并没有构成目标的实际表面，所以要得到目标有拓扑关系的真实表面，还要恢复目标表面的这种拓扑关系，即构建三维目标模型。

三维模型建立的流程一般由特征线提取和模型构建两部分组成。

特征线提取可采用多种方法。如自动提取剖面、等值线，根据点云自动拟合线段、圆柱、圆锥、多边形等基本几何形状等。由于目标本身的遮挡，以及目标材料表面对激光的不同反射特性，导致点云数据的某些区域激光无法到达，会产生许多空洞，因此在建模过程中要对空洞进行修补，一般由手工完成。也可由软件自带算法解算补洞，但空洞有高程时误差会增大，需要拆分后与手动填补法结合使用。

基于线划图的三维模型创建，主要思想是由线成面。将 CAD 线划图导入 3DS MAX 软件中。基于点云每个方向构件的线划图间都具有准确的位置关系，将前后左右上下六个立面图一同导入后，可合成完整的目标结构图。

但扫描目标一般都比较复杂，对目标的整体构件进行识别并全部自动建模，到目前为止还没有很好的解决方法。通常，建模时把目标的每一个构件进行分离，可分为规则的构件和不规则的构件。规则构件的建模方法有很多种，如线性回归和分段线性拟合等；不规则构件的建模则要复杂得多，主要是曲面特征点和特征线的提取，然后再利用旋转、放样等方法构建模型。因为三角网模型损失的精度最少，能保留住目标原始面貌，对于需要保留现状或者使用上述方法较难建模的构件，构建三角网模型。

以坦克为例，主要建模过程简要叙述如下：

(1)坦克炮塔的建模。根据炮塔几何外形，采用分段长方体近似，然后转化为网格模型，进一步调整面片朝向及各点坐标相对位置。附属的天线部件采用直径较小的柱体表示；发烟管组件采用标准圆管表示，其他部件采用方块或圆柱简略表示。

(2)坦克炮管的建模。根据炮管的几何外形，采用分段圆管体表示，再逐段修改外形和直径。

(3)坦克车体的建模。根据车体的几何外形，采用分段长方体表示车体，再调整车前进入角度和车后部离去角度。

(4)坦克履带的建模。根据履带的几何外形,采用线条勾画方法创建出履带横截面形状,再用拉伸方法构造出实体的履带模型。履带模型为整体模型,较真实的齿节链接履带有所简化。

(5)坦克各轮子的建模。根据负重轮及导向轮、驱动轮的几何外形,采用分段圆柱表示,再采用拉伸挤压方法构造轮子轴端、轮齿等形状。

利用上述方法把目标的构件分别建模完成后,所有构件统一坐标,把它们放到一起组成一个完整的目标。但是由于各个构件是分开建模的,所以构件之间会有大大小小的缝隙和交叉,需要对构件之间的误差加以修正,最终形成完整的目标实体模型。

5. 目标表面迷彩映射方法

按照相关要求设计出目标的迷彩图案,迷彩图案有深绿、中绿、褐土、黄土 4 种主色,即仿真标准体中的颜色,将数码迷彩图案作为仿真模型表面数码迷彩,以贴图的形式加载到三维仿真模型上。数码迷彩图案如图 7 -4 所示。

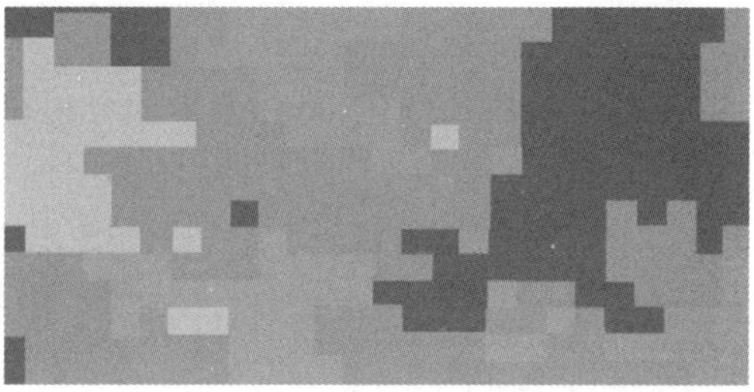

图 7 -4　数码迷彩图案

对于坦克类目标的炮台采用 Box 映射、炮管采用圆柱映射、底盘采用 Box 映射、轮组采用球面映射等,如图 7 -5 所示。

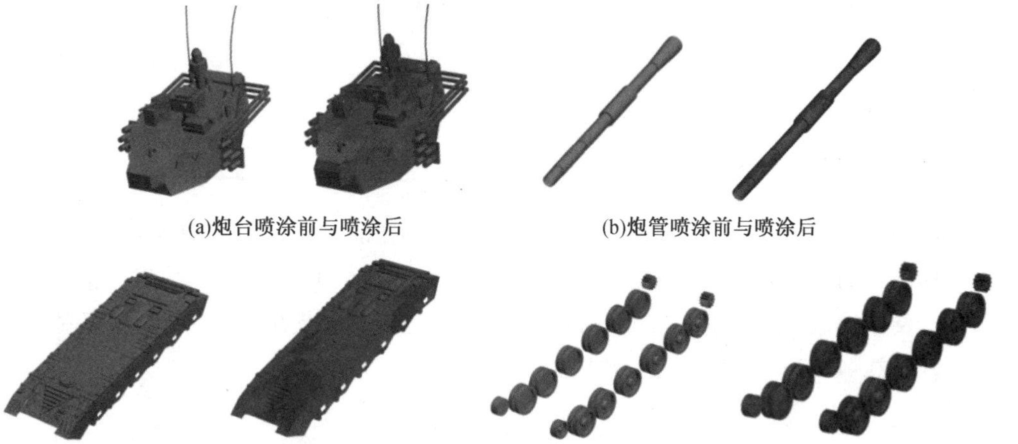

(a)炮台喷涂前与喷涂后　　(b)炮管喷涂前与喷涂后

(c)底盘喷涂前与喷涂后　　(d)轮组喷涂前与喷涂后

图 7 -5　目标部件的迷彩色喷涂仿真效果

灵活的多种贴图方法保证了渲染后的迷彩图案在模型表面的分布均匀、变形小，如图 7－6 所示。

(a)航拍视角　　(b)任意视角

图 7－6　迷彩喷涂仿真后的三维目标

7.1.3　图像与环境条件映射关系

1. 仿真标准体制作

从仿真标准体材质、涂装所用涂料及颜色、尺寸等方面分析影响目标仿真结果的各个因素，制作满足仿真要求的标准体。①考虑到大部分装备多用钢质材料，故以钢板为材质制作仿真标准体。②标准体表面涂敷伪装涂料。③选用白、黑、深绿、中绿、褐土、黄土等六种颜色涂料对仿真标准体实施涂装，白色和黑色为对比参考色，深绿、中绿、褐土、黄土为装备上所涂装的迷彩色。所制作标准体如图 7－7 所示。

白　黑　深绿　中绿　褐土　黄土

图 7－7　仿真标准体

2. 仿真标准体数据采集

在假目标可见光示假性能试验中，空中检测一般在能见度良好的白天进行，因此对仿真标准体图像的采集时间设定为良好天气条件下 9:00—16:00 时进行。采集时将仿真标准体放置于便于拍摄的支架水平台上，调平，将相机固定于拍摄支架正上方，镜头正对仿真标准体，每隔 30～60 min 采集一次图像。

3. 条件映射关系建立

(1)仿真标准体图像颜色特征分析

分析标准体图像特征,确定时间的变化对图像特征的影响,由于目标表面喷涂不同颜色的迷彩色,根据采集的每种颜色在不同时间下的 *R*、*G*、*B* 值分析得到颜色随时间的变化规律。

统计在不同时间段采集的仿真标准体的 *R*、*G*、*B* 值,以白色仿真标准体为示例,其 *R*、*G*、*B* 值随时间的变化趋势如图 7－8 所示。

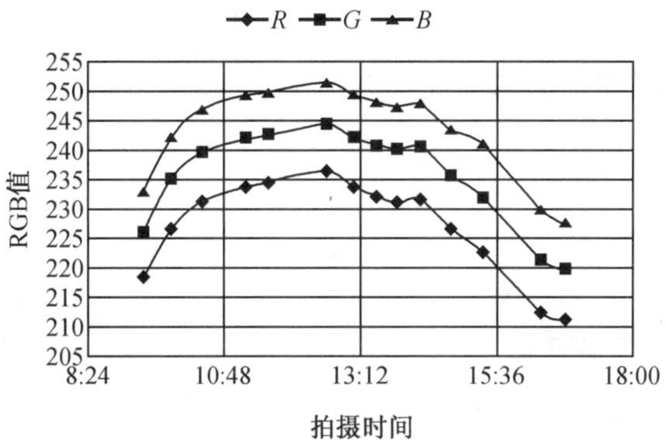

图 7－8　白色仿真标准体颜色 *R*、*G*、*B* 值变化趋势

通过统计仿真标准体颜色 *R*、*G*、*B* 值变化规律,可以看出六种颜色都呈现出两边低、中间高的趋势,说明随着时间的变化,光照的变化是影响其颜色特征的重要参量;不同颜色的 *R*、*G*、*B* 值所占比例不同,这与颜色本身的特征有直接关系;随着时间变化,颜色本身 *R*、*G*、*B* 值的变化量差值有所不同,白色的差值最小也较为均衡,其余颜色的 *R*、*G*、*B* 差值较大且呈现依次增大的规律。

对照白、黑颜色仿真标准体颜色随时间的变化趋势计算四种迷彩色与白、黑颜色相关性指标,计算结果见表 7－1。

表 7－1　四种迷彩色与白、黑颜色相关性指标值

颜色间相关性	白、深绿	白、中绿	白、黄土	白、褐土	黑、深绿	黑、中绿	黑、黄土	黑、褐土
R	0.956 0	0.942 4	0.980 5	0.981 5	0.984 7	0.981 1	0.962 1	0.927 9
G	0.944 3	0.926 2	0.958 7	0.972 3	0.984 5	0.979 4	0.979 2	0.960 2
B	0.931 0	0.911 9	0.938 1	0.962 8	0.992 0	0.986 9	0.988 9	0.972 9
均值	0.943 8	0.926 8	0.959 1	0.972 2	0.987 1	0.982 5	0.976 7	0.953 7

通过表中数据看出,仿真标准体颜色随时间的变化趋势为四种迷彩色与白、黑颜色相关性指标值大于 0.9,说明白、黑两种颜色与四种迷彩色的相关性较高,趋势一致性较好;其

中白色与褐土色相关性高，黑色与深绿、中绿和黄土色的相关性高，相关性均值达到了0.972 2 以上，说明四种迷彩色的仿真标准体颜色与相应白、黑颜色对比仿真标准体随时间的变化趋势接近一致。

（2）环境条件特征分析

环境参数随时间变化趋势如图 7－9 所示。

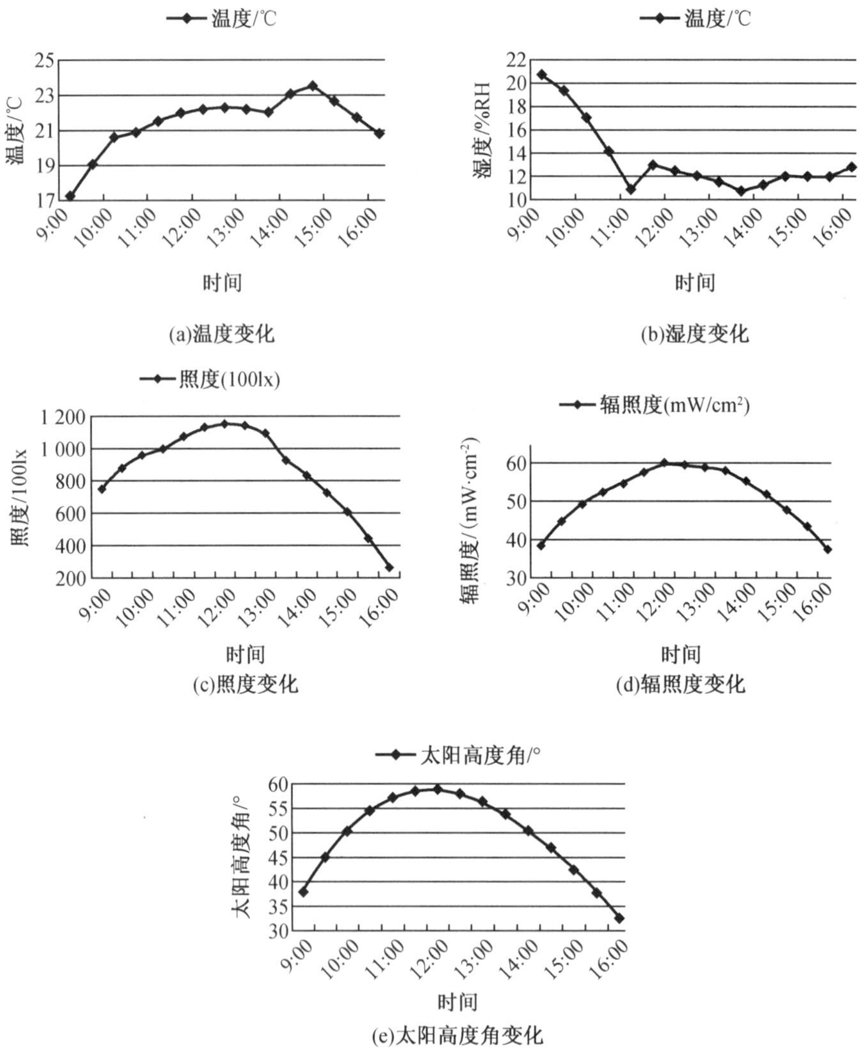

(a)温度变化　(b)湿度变化　(c)照度变化　(d)辐照度变化　(e)太阳高度角变化

图 7－9　环境参数随时间变化情况

通过环境参数随时间变化图可以看出，温度、湿度、照度、辐照度和太阳高度角等 5 个参数中受外界环境影响最小的为太阳高度角，稳定性较好；照度和辐照度容易受到天空中云及空气质量影响，稳定性尚可；而温度和湿度受环境影响较大，稳定性较差。此结果与各个参数自身性质息息相关，以稳定性较好的太阳高度角参数为准研究其余各参量的变化更加合理，照度和辐照度参量的变化趋势和太阳高度角的比较接近，也更加符合人们的认知，即随着时间的变化，太阳高度角的改变引起了照度和辐照度的相应变化，照度的变化又引起了图像 R、G、B 分量值的变化。通过分析，得到如下结论：对于同一颜色，太阳高度角是影响图像颜色的根本原因，照度是影响图像颜色的直接原因。在选用影响图像颜色的环境参数时，照度最为准确，但考虑到其受云、雾等外界影响较大，选择稳定性较好的太阳高度角作为仿真的环境参数。

另外，影响空中成像仿真效果的因素还有拍摄高度，目标在视场中的大小随着拍摄高度的变化而变化。因此，拍摄高度也是仿真需要考虑的重要参数。

(3) 建立仿真环境条件参数映射关系

①太阳高度角。

太阳高度角简称太阳高度，是决定地球表面获得太阳热能和光能数量的最重要的因素，它在数值上等于太阳在地球地平坐标系中的地平高度，随着地方时（时角）和太阳的赤纬的变化而变化。太阳赤纬（与太阳直射点纬度相等）以 δ 表示，观测地地理纬度用 φ 表示，太阳赤纬与地理纬度都是北纬为正，南纬为负，地方时以 t 表示，太阳高度角 h 的计算公式为

$$\sin \mathrm{h} = \sin \varphi \sin \delta + \cos \varphi \cos \delta \cos t \tag{7-1}$$

当设置地方时也就是照片拍摄时间时，太阳高度角对应的数据也需要做相应的变换。

在已知太阳高度角的条件下，需要仿真目标表面的光照强度及阴影。由于目标表面喷涂迷彩色，因而可以近似采用朗伯辐射模型，即表面反光强度与光线入射角和表面朝向有关，而与观察方向无关。为了便于调节阴影方向使之与给定照片的日照效果匹配，需要考虑增加太阳方向角。目标表面的光照度可根据球面坐标系统和朗伯模型进行仿真计算。同时考虑到太阳高度角“h”，为了便于调节阴影方向使之与给定照片的日照方向匹配，增加了太阳方向角“a”。根据球面坐标系统，则入射光线矢量可计算为

$$\boldsymbol{L}[x,y,z] = [\cos h \cos a, \cos h \sin a, \cos h \sin a, \sin h] \tag{7-2}$$

又设模型表面某处的法线矢量为 $\boldsymbol{N}$，反射系数为 k，则反射光强度可计算为

$$\mathrm{IReflected} = k\cos(<\boldsymbol{L},\boldsymbol{N}>) \tag{7-3}$$

式(7-3)中 $<\boldsymbol{L},\boldsymbol{N}>$ 为矢量 $\boldsymbol{L}$ 与 $\boldsymbol{N}$ 之间的夹角。通过仿真实验，认为反射系数 k 为[0.3-0.45]比较合适。

②拍摄高度。

为了实现在不同高度处的可见光仿真效果，需要考虑到目标的尺寸大小及大气消光作用。目标在不同高度处的大小由透视规律决定，即

$$S_{\mathrm{screen}} = K_{\mathrm{proj}} S_{3\mathrm{D}} / D \tag{7-4}$$

式(7-4)中 S_{screen} 为目标的像面尺寸，K_{proj} 为与投影像平面有关的常系数，$S_{3\mathrm{D}}$ 为目标在三维空间的真实尺寸，D 为拍摄距离。

由于大气消光作用，目标在不同拍摄高度上的仿真图像应有一定的模糊效果。考虑到拍摄距离在 1 000 m 范围内，且天气条件良好，采用简单的线性化雾气效果处理：

$$C_{\mathrm{Target}} = C_{\mathrm{Lit}}(D_{\max} - D)/(D_{\max} - D_{\min}) + C_{\mathrm{Fog}} * (D - D_{\min})/(D_{\max} - D_{\min}) \tag{7-5}$$

式(7-5)中 C_{Target} 为目标表面的最终颜色；C_{Lit} 为日照产生的颜色；C_{Fog} 为大气消光色；D 为拍

摄高度；D_{min}为最小拍摄高度；D_{max}为最大拍摄高度。

7.1.4 二维仿真图生成技术

1. 二维仿真图生成相关软件功能

二维仿真图生成技术的实现在于三维仿真模型与拍摄条件的对应程度，将采集参数对应的影响因子作用于目标三维模型。

OpenGL 是目前流行的用于计算机图形处理的程序接口，可跨平台使用，功能十分强大，纹理贴图是其中常用的操作，可以加强图形的真实程度。它独立于操作系统和窗口函数。以 OpenGL 开发的三维图形应用程序在各种平台间移植是非常方便的。并且其可以直接建立在 Visual C 的操作平台上，便于编程人员实现三维模型的渲染。OpenGL 使用简便，效率高，可以保证运行的正确性和可靠性。

在对三维图像进行渲染时，对于实际中的 OpenGL 指令，主要是封装在库以及共享程序集之中的，可以当应用程序发出的 OpenGL 命令，以此来调用库处理文件。OpenGL 具有超强图形绘制的能力，指令集主要包括绘制物体、启动光照、管理位图、图像纹理映射和动画指令等。对于 OpenGL 渲染中，可以将目标转化成可以描述的目标，使其形成具有集合性质的顶点，以及形成可以描述图像性质的像素，并能够在执行一系列的操作之后，最终把这些数据转化成相应的像素数据。

在实际的三维图形程序中，需要构建的三维模型一般来说都是比较复杂的。OpenGL 的建模功能并不强大，只提供了一些绘制简单图元的函数，如圆锥、圆柱和球体等类似的简单物体。如果利用这些函数来构建一个复杂的模型，如一架飞机或一辆汽车就显得非常困难，另外使用基本的绘图语句编写程序也不现实。因此，必须采用与其他功能强大的三维建模软件结合，利用一定的算法，将其他三维建模软件创建的模型数据读出来，然后利用这些数据在 OpenGL 环境中重新构建三维模型，从而解决 OpenGL 复杂三维建模问题，再利用 OpenGL 的交互控制优势达到理想的三维效果。

首先从 3DS MAX 软件中制作好三维图形，然后以 3DS 格式导出。这样在 3DS 文件中保存了建模中所有三维数据信息，比如有全部顶点、面和法线等数据信息。3DS 格式文件是由块组成的，每个块的头部描述其用 ID 标示的信息类别和下一个块的相对位置信息，以便查找下一个块的信息。建立与之对应的数据结构，包含点的定义以及三角形面、单个物体、多个物体的定义等。

将 3DS 格式转入 OpenGL 的程序中，主要用到了三个数据结构，有顶点集、多边形和相关三角形列表。

(1)顶点集：即顶点和法向量的列表集合，用下标表示多边形中的顶点，这个数组为顶点数组。需要特别注意的是，法向量指的是每一个顶点的法向量，而不是多边形的法向量。

(2)多边形列表：保存着一系列的材质信息数据，材质有漫反射颜色、光照度和纹理映射等组成。每种材质和三角形一一对应，三角形信息又由三元整数组表示，三角形的每个顶点在顶点集中的下标就是三元整数组，从而组成了三角形。

(3)相关三角形列表:和顶点集的大小相同,它是一个链表,指向多边形列表每一个包括该顶点的三角形信息。每个顶点的法向量由相关三角形列表来建立。

为了支持各种模型,系统中分别设计不同模型对应的类,用来读取对应模型的所有数据(如顶点坐标、光照、纹理)和重构三维模型。

2. 三维目标与二维背景合成方法

二维背景是事先在试验现场拍摄的照片,只能显示在一个平面上。这个平面必须与虚拟三维环境中的成像平面平行,或者说与虚拟相机光轴垂直,称之为背景平面。因此,可以把背景平面和三维目标放置在统一的三维坐标系下进行渲染,条件是背景平面需要远离三维目标。

由于虚拟相机具有两个裁剪平面,即近裁剪平面和远裁剪平面。超过远裁剪平面的对象将被图形系统自动裁剪而不被渲染。因此,可以把背景平面放置在接近远裁剪平面的位置,而三维目标则放置两个裁剪平面中部,这样可以自然地将目标渲染在背景前方,从而实现正确合成,如图7-10所示。

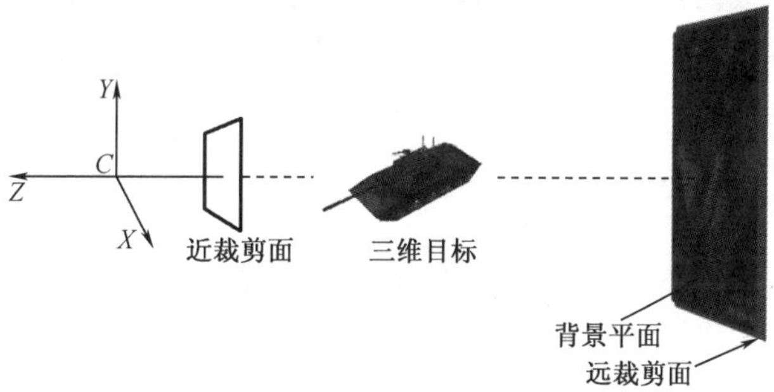

图7-10　三维目标与二维背景合成

通过试验现场采集,获得拍摄时间、太阳高度角、拍摄高度、目标位置坐标等环境参数,利用OpenGL将试验参数作用于真目标三维模型,根据条件映射关系,实现三维模型在相应试验条件下的转换,然后通过不同类型的透视变换完成对真目标三维模型的渲染和二维仿真图像的生成。

在OpenGL渲染中,应用描述表来表示输出同Windows设备的联系机制。可以把OpenGL图像渲染信息存入描述表,在Windows系统中,更新OpenGL中一个窗口图形的状态。整个处理过程中,都可以确保在计算机的后台模式下完成,根据实际需要对三维模型实施渲染,绘制出结果,实现仿真图像的生成。

对于太阳高度角参数,当设置地方时也就是照片拍摄时间时,太阳高度角对应的数据也需要做相应的变换。可只考虑在良好天气条件下的空中成像仿真图像,地方时区间设定为9时至16时,对应的太阳高度设置为30°~90°。图7-11给出了9时、12时、16时三个时段的仿真效果。

(a)9时　(b)12时　(c)16时

图 7-11　太阳高度角仿真效果

对于拍摄高度参数,拍摄距离的范围可设置为:10 ~ 1 000 m。根据仿真需求,公式(7-5)中 D_{min}、D_{max} 分别设置为:10 m、1 000 m;C_{Fog} 的 RGB 值设置为:[200,200,200]。图 7-12 为拍摄高度 10 m、100 m、300 m、800 m 处的仿真效果。

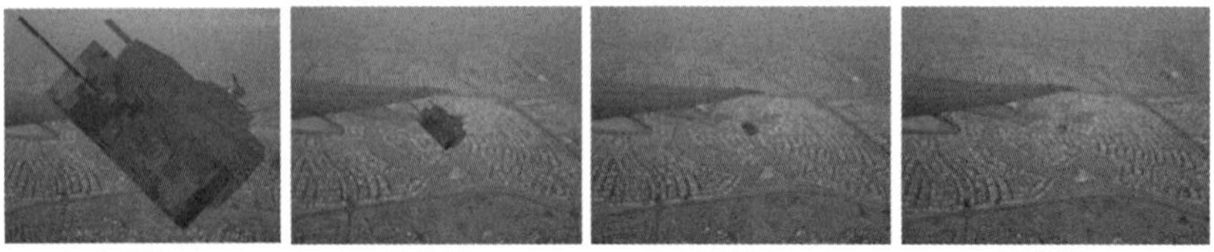

(a)20 m　(b)100 m　(c)300 m　(d)800 m

图 7-12　拍摄高度仿真效果

7.2　隐真伪装装备仿真模拟试验方法

7.2.1　概述

伪装装备特别是隐真类伪装装备如伪装遮障等,其效果优劣主要体现在与所处地域背景的融合程度。对伪装遮障效果进行全面试验及效果科学评价的基础,就要验证其对不同地域背景的融合程度,对不同地域、不同季节背景的适应性。

目前,对伪装遮障按背景分林地型、荒漠型和雪地型三种类型,各类型遮障要求能适应相应的背景类型。由于背景的多样性和复杂性,不同地域、同一地域不同季节的地物背景光学特性都不尽相同甚至存在很大差异。以林地背景为例,其差异主要体现在以下三个方面:一是地理位置不同引起的差异,如平原、高原及纬度差异导致所在地域的植被疏密程度、含水量等不同,从而带来亮度、色彩等光学特性差异;二是物种不同引起的差异,如阔叶、针叶、灌木等不同物种的光学特性存在很大差异;三是同一地域中植被的光学特性随季节变化而产生差异。由此可见,对通用伪装遮障等隐真类伪装装备开展严格试验,充分检验伪装性能、评价伪装效果,需要在不同地域、不同季节、物种多样的背景下进行,数量巨大的背景样本需求,给试验工作带来很大困难。

受试验条件、时间等多因素的限制,这类试验往往只在一种地域背景进行,样本数量有限会导致试验结果的置信程度不高。要对其地域、季节适应性等进行多方面的准确评价,需要耗费大量的时间、人力和物力,不经济也不现实。仿真模拟试验技术是解决这一问题可行的方法。通过数字仿真和图像处理方法,将伪装目标图像与不同地域、不同季节背景图像有机合成,利用合成图像和实地试验验证相结合的方法对隐真伪装装备的伪装效果进行评价,可以减少试验所需的人力、物力,大大增加试验样本数量,提高试验结果的科学性和可信度。

以隐真伪装装备防光学侦察伪装效果评价仿真模拟试验为例。在背景光学特性分析研究的基础上,对背景进行分类,分别采集不同地域、不同季节的背景图像和使用隐真伪装装备实施伪装后的目标图像,将不同地点和时间获取的目标和背景图像有机结合,模拟生成不同条件下的目标和背景合成图像,并对合成图像逼真度进行验证,使用合成的仿真模拟图像评价隐真伪装装备的伪装效果。总体技术方案如图 7-13 所示,图像合成是关键。

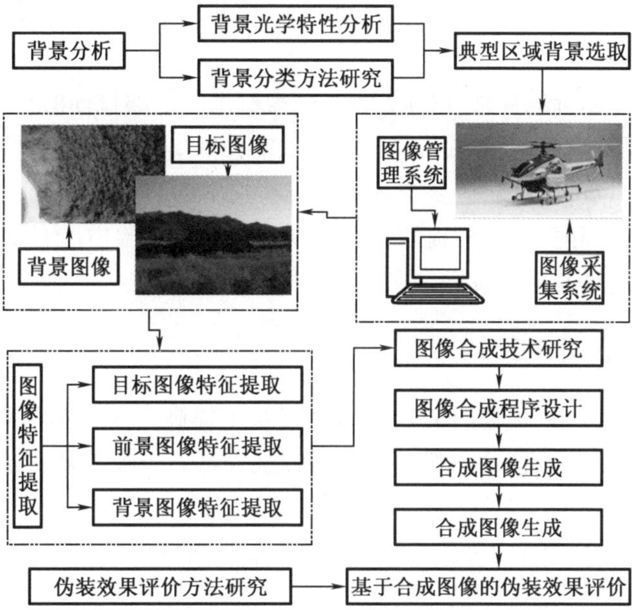

图 7-13 防光学侦察伪装效果评价仿真试验技术方案

7.2.2 图像合成技术

1. 技术现状分析

图像合成就是将目标图像、前景图像与背景图像有机合成,生成试验评估用的模拟图像。图像合成主要指把两个或两个以上的图像通过加工处理,叠加或组合在一起,创作出新的图像效果。

图像合成技术的传统方法称为键控技术,也叫抠像技术,利用键源图像抠去背景图像的一部分,并填入前景图像的相应部分。随着实现手段的进步,数字图像合成的方式、种类已不再局限于抠像,有了很大程度的拓展。较早期的方法是以通道混合的方式实现的,而当今数字图像合成技术是以层混合的方式实现的,即通过对计算机中存储参与合成的各层图像信息的帧存储器中的对应像素数据进行各种方式的合成运算实现。

其方法主要有 Alpha 混合、遮罩合成、三维空间合成等,除此之外,还有无须通道、遮罩等其他控制信息而对前景图像和背景图像数据直接运用某种算法而进行叠加合成的方式。目前很多的图像处理工具中都包含了多种方式的叠加处理方法。

在合成方式不断丰富的同时,数字图像合成领域还发展了许多优化合成性能的关键技术,目标提取技术、色彩匹配技术、遮罩处理技术和运动反求技术等。

2. 目标图像提取技术

在对图像的研究和应用中,人们往往仅对图像中的某些部分感兴趣,这些部分常被称为目标,它们一般是对应图像中特定的,具有独特性质的区域。为了辨识和分析图像中的目标,需要将其从图像中分离提取出来,在此基础上才有可能进一步对目标进行测量和对图像进行利用。

目标提取指把图像分成各具特性的区域,并提取出感兴趣目标的技术和过程。通过分割图像,将目标与背景分离,或者说将目标从场景中提取出来。根据复杂程度的不同,目标可以对应单个区域,也可以是对应多个区域。按所提取的目标的情况分单目标提取、多目标提取、简单目标提取和复杂目标提取。在隐真伪装装备试验中,图像中的目标主要指使用隐真伪装装备实施伪装后的目标。

3. 前景图像提取技术研究

在图像合成等领域,感兴趣的前景目标分割对于提高合成图像的真实感是非常重要的,例如植被、建筑、云团等。像素级前景分割方法大都基于各像素独立的假设,然而这种假设往往导致前景物体的不完整。

前景图像提取一个关键技术是二值图。建立前景目标的二值图像的有效方法是利用一些显著特征,例如亮度、颜色、纹理和深度信息等,抑制图像序列中的背景点,从而获得一些不连续的区域。对于图像平面上的一点 $s=(x,y)$,建立该点的两种特征向量为颜色信息 $Vc=(R,G,B)$,梯度信息 $Vt=(Vx,Vy)$。其中颜色信息即为像素 RGB 彩色空间的三个分量值,在实际应用中,当背景点被前景目标遮挡且两者的颜色不相近时,该点像素的颜色会有明显变化,通过记录该点在不同帧中的颜色特征 (R,G,B) 来组建该像素的颜色向量表以表征这种变化,为下一步进行贝叶斯判定提供一组有效数据;Vx 和 Vy 是像素水平和垂直方向上的梯度,它们值的变化反映了像素邻域纹理结构的稳定性,在实际应用中可采用 Sobel 算子得到图像中的这种纹理信息,并组建该点像素的梯度向量表,作为贝叶斯判定的另一组有效数据。

针对上面已经建立的特征向量表,利用贝叶斯判别准则进行背景和前景的统计分割,可以得到一个初步的分割结果,具体判别过程如下。

在像素点位置 s 处,根据贝叶斯定理,将条件概率 $P_s(b|V)$ 表示为

$$P_s(b|V)=\frac{P_s(V|b)P_s(b)}{P_s(V)} \tag{7-6}$$

式中，b 代表背景；$P_s(V|b)$ 代表特征向量 $\boldsymbol{V}$ 在像素点 s 处被判为背景的概率；$P_s(b)$ 代表像素点 s 是背景的先验概率；$P_s(V)$ 代表在像素点 s 处特征向量 $\boldsymbol{V}$ 的先验概率。

通过比较像素点 s 被判为前景或背景的概率，可得下式：

$$2P_s(V|b)P_s(b)>P_s(V) \tag{7-7}$$

即如果在点 s 处像素处满足式(7-7)，像素将被判为背景，位置 s 处置为0，否则置为1，从而得到了一个二值化的前景图像。

当将前景目标中的很多前景点误判为背景时，分割出来的前景目标二值图中将存在很多空洞。为了填补上述分割出的前景目标的空洞，可利用局部相关性，根据上面得到的二值图进行再分割。

4. 基于小波分解的图像合成技术

对于选定的前景、目标和背景图像，其空间位置确定后，在边界处需要进行图像融合的处理，以保证景物和目标在合成图像中具有较好的一致性。图像融合一般分为三类：像素级、特征级和决策级融合。其中，适用于图像合成的主要是像素级融合，主要有简单加权法、多分辨率法、包括各种塔式分解（如高斯金字塔、拉普拉斯金字塔、对比度金字塔、形态学金字塔等）以及基于小波分解的融合。多分辨率法是将待融合图像分解为多层，在每一层进行融合，最后重构图像。

由于小波分解具有多尺度性、时频局部性、数据非冗余性等特点，以及具有快速算法，因而基于小波分解的图像融合是主要的融合方法之一。

（1）图像的小波分解

图像为二维信号，空间 $L(R)$ 变为二维空间 $L(R*R)$，则二维尺度函数变为 $\varphi(x,y)$。考虑二维尺度函数是可分离的情况，也就是：

$$\varphi(x,y)=\varphi(x)*\varphi(y) \tag{7-8}$$

其中，$\varphi(x)$ 为一维尺度函数，$\psi(x,y)$ 为相应小波函数，

$$\psi(x)=\sum_k h1(x)*\varphi(2x-k) \tag{7-9}$$

则以下三个函数：

$$\psi^1(x,y)=\varphi(x)*\psi(y) \tag{7-10}$$

$$\psi^2(x,y)=\psi(x)*\varphi(y) \tag{7-11}$$

$$\psi^3(x,y)=\psi(x)*\psi(y) \tag{7-12}$$

构成了二维小波变换的基础，这三个函数分别对应了低水平频率高垂直频率，高水平频率低垂直频率，高水平频率高垂直频率，提取图像细节。

（2）基本融合规则

当前大多数基于小波分解的融合方法，对高频分量与低频分量采用不同的融合规则。在低频分量的融合中，主要有基于像素的如加权平均法，基于区域的如局部方差法。在高频分量的融合中，主要有基于像素与基于区域，前者主要是指绝对值取大法，后者通过计算

一个矩形窗口内的统计量，作为权重进行融合，常用的有局部方差法、局部平均梯度法、局部能量法、空间频率法等。

设源图像 $C_{0,p}$ 经过小波分解 N 层后得到的低频分量为 $C^{n,p}$，高频分量为 $D_{i,p}^{j}$，其中，$i=1,2,\cdots,n$ 为分解层数，$j=1,2,3$，分别表示水平、竖直、对角分量，$p=A$、B，表示源图像。F_i^j 为 i 层 j 分量相应的融合值，融合可以表示为

$$D_{i,A}^{j}, D_{i,B}^{j} F_i^j, C^{n,A}, C^{n,B} F^n \tag{7-13}$$

以一定大小的窗口（如 3×3，或 5×5），计算图像 A、B 在 i 层 j 高频分量的统计量（如方差，平均梯度，频率等）$K_{i,A}^{j}$、$K_{i,B}^{j}$。

$$K_i^j = f(D_i^j, M) \tag{7-14}$$

函数 $f(x,y)$ 为计算图像 x 的大小为 y 的矩形区域的方差，平均梯度等度量，M 为区域大小。根据统计量，确定 F_i^j。可以选择统计量较大者的值，或以统计量为权值。

$$F_i^j(x,y)=\begin{cases} D_{i,A}^{j}(x,y) & K_{i,A}^{j}(x,y) > K_{i,B}^{j}(x,y) \\ D_{i,B}^{j}(x,y) & K_{i,A}^{j}(x,y) \leqslant K_{i,B}^{j}(x,y) \end{cases} \tag{7-15}$$

$$F_i^j(x,y)=\frac{D_{i,A}^{j}(x,y) * K_{i,A}^{j}(x,y) + D_{i,B}^{j}(x,y) * K_{i,B}^{j}(x,y)}{K_{i,A}^{j}(x,y) + K_{i,B}^{j}(x,y)} \tag{7-16}$$

虽然采用方差、平均梯度、能量等都可以取得比较好的效果。但是这些表示信息量高低的统计量都有一定限制。由于计算是在高频分量当前层 $D_{i,p}^{j}$ 的一个小窗口中进行，采用的融合规则相同时，选择的特性区域太小，统计量波动大，难以反应区域特性，随着选择的特性区域增大，区域的边界与区域中心的相关性降低，导致计算量提高的同时，融合性能却随之变差，因而窗口以 3×3 为宜。

7.2.3 合成图像逼真度评价

1. 评价方法

合成图像逼真度，是指合成图像与实拍图像之间的偏差程度，即合成图像的质量，目前，对图像合成逼真度进行评价一般涉及定性评价或者统计指标单因素、多因素定量评价，即主观评价和客观评价。主观评价方法以人作为合成图像的观察者，是一种主观性较强的目测方法，评价结果易受观察者的经验、兴趣、心理因素及其观察条件等影响，评价结论可能出现较大差异。客观评价又称定量评价，该评价方法通常分为单因素评价方法和联合单因素评价方法，前者通过合成图像与参考图像之间的量化公式（如，平均梯度）对合成图像效果进行定量地分析和判断，提高判断的准确性和速度；后者采用多量化判据可以弥补各单因素评价方法的片面性，得到更准确的结论，但是因为能够用于逼真度评价的量化判据有限，且对原始图像有较高要求，因此客观评价也存在很大的局限性。

对图像逼真度进行科学评价，一个切实可行的方法就是将主观评价和客观评价有机结合在一起，两种方法互为佐证，可以有效地弥补各自的不足，从而达到对合成图像逼真度进行科学全面评价的目的。

单因素评价方法和联合单因素评价方法是图像合成评价体系的基本方法，而综合评价方法是图像合成评价体系的发展方法。该方法是指在智能图像处理系统中，利用非线性方法或者智能计算的方法将单因素评价指标综合起来的一种客观评价方法，此类方法并不局限于只对图像数据本身进行分析，而是重视主观与客观相结合，适当引入先验知识，能为计算机或智能图像合成系统自动、及时地比较和分析各个合成图像性能并选取适合当前图像、效果最佳的合成算法提供依据。

2. 图像逼真度客观评价指标及方法

目前，根据客观评价指标与合成图像质量的关系，可将其分为“越大越优型”“越小越优型”和“适当型”三类指标。如表 7 – 2 所示。

表 7 – 2　客观评价指标

越大越优型	越小越优型	适当型
标准差 熵 平均梯度 相关系数 联合熵 互信息 信噪比 峰值信噪比	偏差度 光谱扭曲度 标准偏差 均方误差 交叉熵 偏差熵	均值

选择峰值信噪比 P 来度量，对合成图像逼真度进行评价。P 计算公式为

$$P = 20 \cdot \log_{10}\left(\frac{A}{\sqrt{MSE}}\right) \tag{7-17}$$

$$MSE = \frac{1}{MN}\sum_{i=0}^{M-1}\sum_{j=0}^{N-1} \| f(i,j) - f'(i,j) \|^2 \tag{7-18}$$

式中，$f(i,j)$ 为原始图像，$f'(i,j)$ 为重建图像，图像尺寸为 $N \times M$，A 为 $f(i,j)$ 中的最大值，通常取 255。MSE 表示 $f(i,j)$ 和 $f'(i,j)$ 的均方差。

3. 主观评价指标及方法

观察者的主观评价是最常用、也是最直接的图像逼真度评价方法，通常可分成绝对评价和相对评价两类。

绝对评价是由观察者根据事先规定的评价尺度或自己的经验对图像做出判断和评价。必要时，可提供一组标准图像作为参照系，帮助观察者对图像逼真度做出合适的评价。表 7 – 3 给出国际上通用的五级质量尺度和妨碍尺度。一般人员常用质量尺度，专业人员多用妨碍尺度。

表 7-3　图像质量主观评价指标

质量分数	妨碍尺度	质量尺度
5	丝毫看不出图像质量变坏	很好
4	可看出图像质量变化但不妨碍观看	好
3	明显地看出图像质量变坏	一般
2	图像质量对观看有妨碍	差
1	图像质量对观看有严重妨碍	很差

相对评价是由观察者对一组图像按质量高低进行分类,并给出质量分数。

为了保证图像质量主观评价的客观性和准确性,可用一定数量观察者的质量分数平均值作为最终主观评价结果,其平均分数定义为

$$\overline{C} = \frac{\sum_{i=1}^{N} C_i K_i}{\sum_{i=1}^{N} K_i} \tag{7-19}$$

其中,C_i 为属于第 i 类图像的质量分数,K_i 为判断该图像属于第 i 类图像的人数。观察者中应包括一般人员和专业人员两类人员,人数应多于20,这样得出的主观评价结果才具有统计意义。

如果合成图像的逼真度满足试验要求,可采用第五章介绍的人员判读或观察的方法评价伪装效果,也可采用第六章基于图像分析的方法得出试验评价结果。

第 8 章　伪装装备作战试验与在役考核试验探讨

伪装装备的作战试验主要考核伪装装备作战效能、作战适用性、体系适应性、作战任务满足度等装备效能。在役考核主要依托列装部队、相关院校结合正常战备训练、联合演训及教学等任务组织实施，重点跟踪掌握部队伪装装备使用、保障、维修情况，验证伪装装备作战与保障效能，发现问题缺陷，考核部队适编性和服役期经济性，以及部分在性能试验和作战试验阶段难以考核的内容等。

8.1　伪装装备作战试验

8.1.1　作战试验的目的和内容

装备作战试验是指由专业的试验鉴定机构依据武器装备训练与作战任务剖面要求，构建近似于实战的、逼真的试验环境，运用多种试验方法手段对武器装备进行试验与评估，以确定武器装备作战效能、作战适用性、体系适用性等内容的试验活动。伪装装备作战试验，是指能够有效验证其在完成规定作战使命任务方面的能力，全面摸清伪装装备在典型作战任务剖面下的作战效能和适用性底数，为探索其作战运用方式提供数据支撑。

伪装装备作战试验内容是为支撑伪装装备作战效能、作战适应性和生存性分析，以及体系贡献率评估等工作而确定的试验任务或试验项目，目的是在近似实战条件下，考核伪装装备的作战效能和适用性，获取评估支持数据。

在开展作战试验时，一般按照作战试验想定划分作战单元，结合装备作战使用特点开展不同阶段不同内容的试验：以伪装遮障作战试验为例，在作战试验起始阶段开展战备等级转换试验，在编队出动阶段开展携行适应性试验、运输适应性试验，在疏散隐蔽阶段开展架设试验、综合伪装效果试验、战场维修试验，完成以上试验项目后进行撤除伪装试验等。

在进行伪装装备作战试验时，应聚焦伪装装备使命任务，做到与作战需求紧密相连。梳理参试伪装装备作战试验考核指标，形成一套结构清晰、内容完整、便于使用的装备作战试验指标体系，为装备作战试验的设计、实施、评估提供基础支撑。突出作战部队的主体地位，确保试验的典型性和普适性，以贴近实战的战场环境和典型对抗场景衔接战场环境，以实际作战流程为基础开展作战试验想定，在作战试验过程中考核验证装备作战效能，同时创新完善伪装装备的编配、战法、训法，探索伪装装备作战运用方式，提高战斗力生成能力。

8.1.2 作战试验的特点和主要原则

伪装装备的特点使伪装装备作战试验呈现出外场试验为主、多领域试验结合、多系列配套并行等特征。伪装装备的作战使用样式决定了其作战试验必须以外场为主，伪装装备需要考核不同地域、不同时间等外场背景下的伪装效果。伪装装备的多频谱特性决定了其作战试验必须要求多领域结合，伪装装备需要考核空中、地面的光学、热红外、雷达等性能。伪装装备的多样性和系统性决定了其作战试验多系列配套并行的特征，伪装装备不仅需要考核装备部件级、系统级、体系级层次，也需要考核成系统、成建制实施的特点。

伪装装备作为工程装备基本体系之一，在工程兵任务中通过实施伪装提高目标的生存能力，在此范畴内，探讨伪装装备作战试验类别及需要把握的原则。

1. 确定作战试验类别

装备作战试验一般分为单装作战试验、装备系统作战试验、装备体系作战试验、一体化联合试验四种类别。对于伪装装备作战试验来说，首先要根据试验目的选择不同的试验类别。单装作战试验是以单型号装备为试验对象，考虑到此类装备战时编配状况，可以参照作战单元来构建其试验体系。装备系统作战试验主要是对伪装装备系统展开的试验，其目的是检验其装备系统整体效能发挥水平，重点验证各要素的人机适应性、任务适应性、环境适应性、保障适应性、编成适应性，兼顾检验其在特定作战行动中的作战效能。装备体系作战试验以作战环境条件为背景，构设实战化对抗试验基础条件和评估依据，综合检验其任务适应性、编成适应性、环境适应性和保障适应性。一体化联合试验是以一体化联合作战为背景，涉及多军兵种多领域的成建制、成体系装备试验鉴定活动，检验伪装装备体系作战效能与作战适用性，发现短板弱项，强化实战运用，推动伪装装备体系建设。伪装装备为作战保障装备，单独开展装备体系作战试验必要性不大，即使单独组织也需要其他装备作为陪试品被伪装。因此，在主战装备体系作战试验和一体化联合试验中设置伪装装备相关试验科目更合理可行。

2. 把握作战试验原则

(1)系统性规划

伪装装备作战试验要注重强化顶层设计，搞好整体优化，合理规划和使用试验的人力、物力、时间和信息等资源，达到人尽其才、物尽其用、财尽其力、时尽其效，力争以最少的投入获取最大的效益。在试验方法的选择上，尽量选择既科学又经济的方法，做到时间短、投入少、效果好。在试验实施过程中，要按照试验大纲规定的内容、条件及要求，逐装备、逐系统、逐层次地合成开展被试装备的作战效能和适用性考核，确保作战试验的完整性。

(2)实战化环境

在接近实战的条件下开展作战试验，营造真实严酷的试验环境，以便于从中发现问题，查找伪装装备的缺陷和不足，不断降低性能效能试验风险，为伪装装备改进提供充分的数据与实践依据。

(3)多方位考核

在伪装装备作战试验过程中,应注重多方位考核。以实兵实装对抗为主,半实物仿真为辅,实装和仿真结合的试验手段,科学确定试验内容,合理选取试验变量和试验样本量,加强试验运行环境的条件布设能力,提高被试装备效能指标体系的测试和控制水平。

(4)精准性数据

要在相对真实的环境中实施,尽量准确地获取被试伪装装备的作战使用数据;必须符合合成部(分)队的作战部署与作战行动,获取全要素、全样式的作战使用数据。采取各种措施,确保试验数据准确地产生、获取、传输和处理,可靠支持对关键作战使用问题的回答。

(5)保安全实施

伪装装备作战试验是严格按照程序进行的,对试验中的每一个过程、每一项工作都有严格的时间限制,要求各个分系统、各个部位在规定的时间内完成既定的动作,否则就有可能造成事故,影响整个试验进程,甚至导致试验失败。针对系统的特殊性,精心谋划,统筹安排,严密组织作战试验。做到正确指挥、正确操作、准确协同,防患于未然,确保安全可靠,保证参试装备、人员不受危害。

(6)渐进式推进

伪装装备作战试验一般要经过单装作战试验、系统作战试验、体系作战试验和一体化联合试验等阶段,按照先静态后动态、先单装后体系的程序进行。在试验过程中,必须从技术的继承性和累积性出发,充分考虑技术上的可行性。按照科学规律,循序渐进、稳妥可靠地推进。每一阶段的试验只有在前一阶段试验得到充分而严密的分析与评估后才能进行,而不能不切实际地超越技术发展阶段进行“跳跃式”前进。

8.1.3 作战试验的基本过程

“试什么”“怎么试”“试验结果怎么评”是开展伪装装备作战试验首先要解决的问题。根据被试装备主要使命任务,应以装备的综合伪装效果考核为重点开展作战效能试验。基于对作战试验目标、试验方法的研究,作战试验包括试验、评估和数据三部分内容,其中试验是核心,评估是关键,数据是基础。试验形式是完成一次作战任务,将作战能力检验融入装备作战使用全流程中,试验项目由作战剖面的主要阶段或关键作战行动转化形成。评估一般包括四个方面:作战效能评估、作战适用性评估、体系适用性评估和在役适用性评估。作战效能主要评估被试装备完成作战任务所能发挥有效作用的程度;作战适用性主要评估在规定条件下,部(分)队使用装备完成作战任务的满意程度;体系适用性主要评估被试装备满足部队通用化的程度;在役适用性主要评估被试装备在服役期间使用管理的满意程度。作战试验很重要的目标就是采集装备试验数据。数据包括:装备性能试验数据、战场环境数据、试验过程数据、仿真数据和评估数据。

8.2 伪装装备在役考核

8.2.1 在役考核的目的和内容

伪装装备在役考核是在装备列装服役期间,为检验其满足部队作战使用与保障要求的程度所进行的试验考核活动。装备列装部队后,应组织在役考核;装备使命任务变更、体系变动、改进以及接近服役期限等情况时,应组织有针对性的在役考核。

伪装装备在役考核内容是组织开展在役考核活动的基础,了解和掌握在役考核内容对于科学规范进行在役考核具有重要指导作用。伪装装备在役考核内容的确定,应当立足在役考核目的,紧贴装备作战使命,结合部队战备训练、使用管理保障等行动,持续考核验证装备的在役适用性、体系适用性、作战适用性和作战效能。要充分发挥成建制成体系考核验证的优势,推动装备体制编制、部队战法训法保法等战斗力要素创新和完善。

在组织伪装装备在役考核时,应在装备服役期内,结合作战任务、战备训练、联合演训等时机依托部队开展。依据科学合理的工作程序、考评指标、评判准则等,从装备使用、保障、管理等方面全方位考评,坚持战斗力标准,给出客观公正的评估结论和改进建议。

8.2.2 在役考核的特点和时机

在役考核的对象是正式列装部队的装备及其相关要素构成的装备体系,重点是验证装备作战与保障效能并考核部队适编性与服役期的经济性。不同于性能试验和作战试验,在役考核有持续性、经常性、全面性和结合性的特点。

(1)持续性。在役考核不是短期的,一次性的。新装备首次列装部队后,或出现装备使命任务变更、体系变动、改进,以及接近服役期限等情况时,应当组织有针对性的装备在役考核。

(2)经常性。在役考核是部队的经常性工作,部队有序采集上报数据,定期或根据需要开展考核评估,提出意见建议,跟踪问题处理。

(3)全面性。在役考核是成建制、成体系的考核,是全员参与、全流程、全要素式的全面考核,涉及装备性能效能、适用性、管理体制、使用方法等技术与管理层面。

(4)结合性。在役考核通常是依托列装部队、相关院校结合正常战备训练、联合演训及教学等任务组织实施,训练工作与考核工作结合开展。

确定伪装装备在役考核对象与内容主要是明确考核的对象是哪支部队使用哪些装备,并在此基础上明确要考核的内容,具体到在役适用性考核、体系适用性考核、装备作战效能验证或者作战适用性验证。

1. 确定在役考核类别

根据在役考核目的,选择已列装部队的装备及其相关要素构成的装备体系作为在役考核对象,包括单装在役考核、装备体系在役考核和一体化联合在役考核三类。单装在役考核,是以单型装备和武器系统(完成基本作战任务的最小装备组合)为考核对象在作战编成和装备体系下开展的在役考核。装备体系在役考核,是在同一军种内,以功能上相互关联的各类装备构成的建制装备体系为考核对象。一体化联合在役考核,是在一体化联合作战背景下,以多军兵种、多领域、成建制、成体系的装备体系为考核评估对象。

2. 把握考核时机

伪装装备在服役期间,因不同时机“触发”在役考核工作的开展,不同时机的在役考核目的也相应有所区别。依据考核时机的不同,可以将在役考核分为以下5种情况。

(1)新列装装备的在役考核

一般在新装备批量生产列装后开展。主要目的是摸清并促进新装备在部队形成的战斗力和保障力,推动新装备融入作战体系,解决制约其发挥作战效能、保障效能的关键问题。

(2)装备问题整改、升级改造后的在役考核

一般在部队反映的装备突出问题完成集中整改后,或装备升级改进后开展,主要目的是验证问题整改成效,以及装备改进后是否满足部队的作战使用要求和保障要求等。

(3)服役期间或接近服役结束时的在役考核

一般在装备服役期内适时展开。主要目的是检验装备技术状态,为装备升级、改型、退役、延寿等提供决策支撑。

(4)装备使命任务变更后的在役考核

一般是因装备部署方向、敌方力量等变化,导致装备体系调整、使命任务变更,为检验形成的战斗力、保障力而适时组织展开的在役考核。主要目的是检验装备在新的环境条件下、任务背景下,完成新的使命任务的能力。

(5)战备检验时的在役考核

一般是在某个作战方向上完成战备部署,或者新的作战理论和作战条令实施后展开。主要目的是检验装备的作战能力和战备情况,为装备作战运用提供决策支撑。

8.2.3 在役考核的基本过程

在役考核根据年度在役考核计划,通常由承担考核任务的装备的使用部队实施,专业评价机构配合任务部队完成在役考核的策划、设计、条件准备,完成数据采集和结果评价等工作。

在役考核基本过程主要包括4项内容:考核设计、数据采集、评价分析、跟踪问效。在役考核设计应按照上级要求,重点突出部队列装装备与新的军事需求之间的适应性,对考核科目采集的数据进行科学评估,得到有价值的结论。在役考核实施期间,依据数据需求做好数据信息的采集工作,进行数据的梳理、分析与应用。考核完成后,通过时间上的纵向比较和同类装备的横向比较,开展多角度分析,系统评价装备的综合表现,充分反映装备任务能力的制约因素或问题。在役考核完成阶段性任务后,主管部门需要针对影响装备建设的

关键问题，进行跟踪、上报，督促相关部门抓好落实，并及时跟踪上报问题整改效果。

8.3 伪装装备作战试验和在役考核试验发展趋势

近年来，随着技术的更新与迭代，伪装装备发展也有了长足的进步，试验鉴定模式也随之不断发展，由原来的性能试验向性能试验、作战试验、在役考核三个环路转变，新的试验方式更加注重对装备全寿命周期的考核。作战试验和在役考核作为装备试验中新的必不可少的阶段，其发展趋势主要表现在以下几个方面。

1. 试验程序结构更加完善

装备试验领域的每一次管理体制与改革创新，都是为了适应高新技术装备发展和作战需求。为适应全军装备发展建设新形势，我军装备试验鉴定工作做出了全面深度的改革创新，将全寿命周期的装备试验统一规范为性能试验、作战试验和在役考核三大类，全面指导相关试验鉴定任务实施。

2. 试验结果评定更加全面

为应对不断加大的陆军装备试验鉴定的复杂化程度，在试验鉴定中要具有更多的灵活性，强调成熟技术和系统的应用。在伪装装备试验鉴定中，要以及时、准确、清楚地描绘系统完成任务为目标，更多地倾听作战人员的需求，更充分地考虑装备系统运用的条件和战场环境的复杂性，并将其反映在试验设计中。

3. 仿真试验的介入更加深入

把最新的高端技术及时纳入装备试验与评估领域，使我国装备试验具有领先世界的试验能力是我国试验鉴定领域的发展方向。面对高新技术的不断涌现，大力推动基于建模与仿真技术、计算机技术、大数据技术和人工智能技术等高新技术的装备试验体系建设，是伪装装备以及其他武器装备试验鉴定的发展趋势。

4. 试验数据的挖掘应用更加充分

装备试验鉴定在装备的不同试验阶段都将产生大量的试验数据，这些数据是进行总体设计、综合评估、开展仿真的前提和基础，对于提高试验质量、缩短试验周期都具有重要的作用。随着大数据、网络技术、建模与仿真技术的发展，试验设计、试验方案推演、试验资源统筹调配、综合评估以及仿真试验等都离不开数据的支持。在试验鉴定中，提升多元数据的获取能力、提升数据互联贡献能力、提升数据价值深度挖掘应用能力是试验鉴定发展的必然。

参 考 文 献

[1] 陆军装备部. 伪装术语:GJB 434B—2021[S]. 北京:国家军用标准出版发行部,2021.

[2] 邢欣,曹义,唐耿平,等. 隐身伪装技术基础[M]. 北京:国防科技大学出版社,2012.

[3] 邱达雄,张利华,刘仁斌. 北约空袭南联盟作战研究[M]. 北京:国防大学出版社,2001.

[4] 王伟,李远哲. 坦克装甲车辆试验鉴定[M]. 北京:国防工业出版社,2019.

[5] 李远哲,吴延威,贺海文,等. 装甲兵试验鉴定测试技术[M]. 北京:兵器工业出版社,2021.

[6] 童庆禧,张兵,郑兰芬. 高光谱遥感:原理、技术与应用[M]. 北京:高等教育出版社,2006.

[7] 陈晓盼,孙辉,李军伟,等. 国外目标与环境光学特性测试技术[M]. 北京:国防工业出版社,2018.

[8] 杨照金. 军用目标伪装隐身技术概论[M]. 北京:国防工业出版社,2014.

[9] 郁道银,谈恒英. 工程光学[M]. 4 版. 北京: 机械工业出版社,2016.

[10] 廖宁放,石俊生,贺书芳,等. 高等色度学[M]. 北京:北京理工大学出版社,2020.

[11] 李小文. 遥感原理与应用[M]. 北京:科学出版社,2008.

[12] 陈晓盼,孙辉,林刚. 国外目标与环境电磁散射特性测试技术[M]. 北京:国防工业出版社,2018.

[13] 吕进,黄拥元,胡江华. 高技术侦察监视与伪装[M]. 北京:解放军出版社,2002.

[14] 张浙东,许心瑜,张玉石. 基于矢量网络分析仪脉冲体制散射计设计与研究[J]. 国外电子测量技术,2018,37(11):82 - 87.

[15] 胡江华. 伪装技术[M]. 北京:国防工业出版社,2012.

[16] 李汉斌. 伪装技术[M]. 北京:解放军出版社,2001.

[17] MORAVEC H P. Towards automatic visual obstacle avoidance [C]. Proc. of the International Joint Conference on Artificial Intelligence. Cambridge, MA, 1977: 584.

[18] HARRIS C G, STEPHENS M . A combined corner and edge detector[C]// Fourth Alvey vision conference, 1988, 15(50): 147 - 151.

[19] DUFOURNAUD Y, SCHMID C, HORAUD R . Matching Images with Different Resolutions [M]. Dordrecht: Kluwer Academic Publishers, 2004.

[20] MIKOLAJCZYK K, SCHMID C . An affine invariant interest point detector[M]. Berlin: Springer - Verlag, 1932.

[21] YOU J, PISSALOUX E, HELL EC J L, et al. A guided image matching approach using Hausdorff distance with interesting points detection [C]// Image Processing. IEEE

International Conference, 1994:968 - 972.

[22] HUTTENLOCHER D P, RUCKLIDGE W J, KLANDERMAN G A . Comparing images using the Hausdorff distance under translation [C]// Computer Vision and Pattern Recognition. IEEE Computer Society Conference, 1993:850 - 863.

[23] GAO Y. Efficiently comparing face images using a modified Hausdorff distance[J]. Image and Signal Processing, 2003, 150(6):346 - 350.

[24] ZHANG Z, HUANG S, SHI Z. A fast strategy for image matching using Hausdorff distance [C]// Robotics, Intelligent Systems and Signal Processing. International Conference on Robotics. IEEE, 2003:915 - 919.

[25] RUCKLIDGE W. Efficient computation of the minimum Hausdorff distance for visual recognition[D]. New York:Cornell University, 1996(9):16.

[26] KWON O K, SIM D G, PARK R H. New Hausdorff distances based on robust statistics for comparing images[C]// International Conference on Image Processing. IEEE, 1996.

[27] GAVRILA D M. Multi - feature hierarchical template matching using distance transforms [C]// International Conference on Pattern Recognition. IEEE, 1998:439 - 444.

[28] BORGEFORS G. Distance transformations in arbitrary dimensions[J]. Vision Graphics Image Process,1984, 26(2):321 - 345.

[29] 张健,赵保军,毛二可. 一种评价红外变形伪装效果的新方法[J]. 激光与红外,2006, 36(1):4.

[30] 林伟,陈玉华, 高洪生,等. 基于 Gabor 小波纹理分析模型的伪装效果评价方法[J]. 兵工学报, 2007, 028(010):1191 - 1194.

[31] 赵松年,熊小芸. 子波变换与子波分析[M]. 北京:电子工业出版社,1996.

[32] YOU J, BHATTACHARYA P. A wavelet - based coarse - to - fine image matching scheme in a parallel virtual machine environment[J]. IEEE Transactions on Image Processing, 2000,9(9):1547.

[33] BRITO N, SOUZA B A,PIRES F. Daubechies wavelets in quality of electrical power[C]// International Conference on Harmonics & Quality of Power. IEEE Xplore, 1998(10):14 - 16.

[34] 肖搏. 小波分析在图像匹配中的应用研究[D]. 北京:北京理工大学, 2003.

[35] SIM D G, KWON O K, PARK R H. Object matching algorithms using robust Hausdorff distance measures[J]. IEEE Transactions on Image Processing, 1999, 8(3):425 - 429.

[36] 张健,毛二可,赵保军,等. 真假目标红外图像相似度检测算法[J]. 光电工程, 2007, 34(9):5.

[37] 董卫军,周明全,耿国华. 基于综合特征图像检索技术研究[J]. 计算机应用与软件, 2005, 22(11):3.

[38] 舒宁,马洪超,孙和利. 模式识别的理论与方法[M]. 武汉:武汉大学出版社, 2004.

[39] 孙即祥. 现代模式识别[M]. 北京:国防科技大学出版社, 2002.

[40] 李玉榕,项国波. 一种基于马氏距离的线性判别分析分类算法[J]. 计算机仿真,

2006, 23(8) : 86 - 88.

[41] 景浩,章毓晋,林行刚. 图像分割中的交叉熵和模糊散度算法[J]. 电子学报, 1999 (10):131 - 134.

[42] LI C H,LEE C K . Minimum cross entropy thresholding[J]. Pattern Recognition, 1993, 26(4):617 - 625.

[43] 冯海潮,王羽羽,刘伟,等. 基于三维建模的坦克假目标示假性能仿真技术[J]. 兵工学报,2021,42(9):1998 - 2003.

[44] 韩海燕,张静. 基于虚拟现实的三维动态场景重建[J]. 现代电子技术, 2018, 41(2):4.

[45] 贺一波,蔡建文,王金云,等. 三维激光扫描技术应用于古城墙建模及修复[J]. 激光杂志,2018,39(2):85 - 89.

[46] 蔡云骧,石磊,田振锡. 一种基于装备三维模型的数码迷彩图案设计方法[J]. 兵工学报, 2019,40(11):8.

[47] 陈纯. 计算机图像处理技术与算法[M]. 北京:清华大学出版社, 2003.